ENSEIGNER AU QUÉBEC
de Normand Baillargeon
est le mille soixante-quinzième ouvrage
publié chez VLB éditeur.

D0913406

Les droits d'auteur du présent ouvrage seront versés en intégralité au Club des petits déjeuners du Québec.

Directeur littéraire : Alain-Nicolas Renaud
Design de la couverture : Chantal Boyer

Catalogage avant publication de Bibliothèque et Archives nationales du Québec et Bibliothèque et Archives Canada
Baillargeon, Normand, 1958-
    Enseigner au Québec
    Comprend des références bibliographiques.
    ISBN 978-2-89649-696-9
    1. Enseignement - Québec (Province). I. Titre.
LB1025.3.B34 2016   371.10209714   C2016-941403-5

VLB ÉDITEUR
Groupe Ville-Marie Littérature inc.*
Une société de Québecor Média
1055, boulevard René-Lévesque Est
Bureau 300
Montréal (Québec) H2L 4S5
Tél. : 514 523-7993, poste 4201
Téléc. : 514 282-7530
Courriel : vml@groupevml.com
Vice-président à l'édition : Martin Balthazar

Distributeur :
Les Messageries ADP inc.*
2315, rue de la Province
Longueuil (Québec) J4G 1G4
Tél. : 450 640-1234
Téléc. : 450 674-6237
* filiale du Groupe Sogides inc.,
  filiale de Québecor Média inc.

VLB éditeur bénéficie du soutien de la Société de développement des entreprises culturelles du Québec (SODEC) pour son programme d'édition.
Gouvernement du Québec – Programme de crédit d'impôt pour l'édition de livres – Gestion SODEC.

Financé par le
gouvernement
du Canada | Canadä

Nous remercions le Conseil des arts du Canada de l'aide accordée à notre programme de publication.

ENSEIGNER AU QUÉBEC

Normand Baillargeon

ENSEIGNER AU QUÉBEC

vlb éditeur
Une société de Québecor Média

Avant-propos

J'ai formé des maîtres durant un quart de siècle à l'université, et j'ai passablement écrit sur l'éducation, un sujet qui me passionne. Je l'avoue sans gêne : en la matière, je suis un idéaliste. Je pense qu'enseigner est l'un des plus importants et des plus nobles métiers qui soient. C'est peut-être pour cela qu'on a pensé à moi pour faire un livre qui s'adresserait aux jeunes enseignants du Québec. J'avais très envie de l'écrire, mais je savais que je n'y arriverais pas tout seul.

Le monde de l'éducation aux niveaux préscolaire, primaire et secondaire[1] est si vaste et si diversifié que je ne me reconnaissais pas l'autorité d'en parler en pleine connaissance de cause.

---

1. Au Québec, c'est exclusivement celles et ceux qui travaillent à ces niveaux de scolarité que l'on désigne comme des enseignants ; aux collégial et à l'université, on parlera plutôt de professeurs.

Pour le faire, il me fallait être appuyé par une bonne équipe de terrain, formée d'enseignants issus de tous les niveaux, qui partageraient avec moi, et donc avec vous, leurs expériences du métier.

J'ai lancé un appel en ce sens sur les réseaux sociaux, et ils ont été très nombreux à y répondre avec enthousiasme. J'ai ainsi eu le bonheur de travailler avec des personnes actives dans tous les ordres d'enseignement concernés, à des postes très variés. Elles ont grandement enrichi les pages qui vont suivre.

Mieux : nombre d'entre elles, dans des vignettes qu'on trouvera insérées au fil de l'ouvrage, ont voulu s'adresser directement au lecteur pour lui donner des conseils et témoigner de leurs expériences.

Voici les membres de cette « équipe de rêve », à qui je veux, une fois de plus, dire mon immense gratitude pour leur précieuse et généreuse collaboration.

Au préscolaire

Marie-Josée Lemieux
Lucie Ste-Marie

Au primaire

Lorenzo Benavente (4e année)
Stéphanie Boyer (préscolaire et 6e année)
Cindy Bérubé-Lessard

Marie-Pier Lévesque (5e et 6e années combinées)
David Marquis (1re année)
Dominique Pothier (3e cycle)
Marie-Odile Villemur (3e année)
Harmonie Fortin-Léveillé (danse)

Au secondaire

Carole Arseneau (adaptation scolaire)
Alexandre Chenette (éthique et culture religieuse et philosophie)
Mélanie Gauthier (histoire et géographie, 1re et 3e années)
Michel Laforge (sciences)
Luc Papineau (français)
Julien Poirier (éducation physique)
Lyne Tardif (français, 2e année)
Carl Tremblay (mathématiques, 1re année)
Julie Tremblay Sauvé (arts dramatiques)
Martin Tremblay (anglais, 4e et 5e années)
France Vallée (formation générale aux adultes, mathématiques et sciences)
Rahouadja Zarzi (accueil, 1er cycle)

Introduction

Vous vous dirigez donc vers une carrière dans l'enseignement. Je vous en félicite chaleureusement[1].

Il y a de nombreuses choses que j'applaudis dans votre démarche, mais en particulier, cet idéalisme dont je devine, dont j'espère de tout cœur, qu'il vous habite. Vous en aurez besoin : sans lui, on ne devient pas aisément enseignant et, surtout, on ne le reste pas longtemps.

C'est donc à l'idéaliste en vous que ce livre s'adresse. Il lui parlera de son futur métier, en s'efforçant de dire tout qui en fait la beauté et la grandeur, mais sans rien cacher des difficultés, petites et grandes, qu'il comporte.

---

1. Bien entendu, ce livre s'adresse aussi aux enseignants confirmés, ainsi qu'à quiconque s'intéresse à cet enjeu fondamental qu'est l'éducation.

Je voudrais vous aider à mieux comprendre ce métier dans lequel vous vous engagez, afin que vous le fassiez de façon éclairée. Je voudrais vous aider à vous y insérer le mieux possible, professionnellement et humainement. Je voudrais enfin vous suggérer des manières de durer, de vous perfectionner et aussi de faire face aux éventuels problèmes que vous rencontrerez. Vaste programme!

Nous procéderons en suivant un parcours qui se déclinera en trois grands moments.

Vous vous rappelez le très beau vers de Nelligan : « Où l'Idéal m'appelle en ouvrant ses bras roses[2] » ? C'est le titre du premier moment de ce livre. Cet idéal qui vous habite, il est important de le nommer soigneusement. Pour cela, il nous faut nous faire l'idée la plus claire possible de ce qu'est l'éducation : un détour par la philosophie de l'éducation sera indispensable. Pour prendre votre décision de façon éclairée, il vous faudra aussi savoir comment le métier d'enseignant s'exerce au Québec actuellement, et par quelles formations on y accède. C'est de ces sujets, et de quelques autres, périphériques, que je vous entretiendrai alors.

Vient ensuite la pratique, qui sera examinée dans une deuxième partie, intitulée « L'épreuve

---

2. Émile Nelligan, *La romance du vin*, 1899.

du réel ». Comment entre-t-on dans le métier ? Quelles voies s'offrent à vous ? Comment choisir la meilleure ? La précarité est-elle à redouter ? Comment y échapper, le cas échéant ? À quels acteurs, à quelles instances aurez-vous affaire ? Comment interagir avec ces interlocuteurs ? Quels débats centraux, quelles controverses rencontrerez-vous sur votre route ? Comment les aborder, et éventuellement, prendre position ? Ce sont ces questions et quelques autres qui sont au programme du message que mes collaborateurs et moi vous adressons dans cette deuxième partie. Je suis confiant qu'elle vous sera utile, et même précieuse.

La troisième partie du livre s'intitule : « Le dur désir de durer ». Il s'agit cette fois encore d'un emprunt à un poète : Paul Éluard. Cette section voudrait vous convaincre qu'il est important, si l'on veut demeurer un enseignant heureux et compétent, de se perfectionner et de demeurer constamment vigilant sur de nombreux plans que je vous exposerai. Je suggérerai des moyens de le faire, mais aussi, de faire face à d'éventuels coups durs. Vous trouverez aussi dans cette partie de nombreux conseils dont, au moins pour certains d'entre eux, mes collaborateurs et moi souhaitons que vous n'aurez jamais besoin. Nous aborderons enfin une dernière question : quelles perspectives de carrière s'offrent à vous si vous souhaitez rester en éducation, mais ne plus être enseignant, avant de céder finalement la parole à une personne qui a magnifiquement parlé d'éducation.

En annexe, je vous propose dix citations que j'ai retenues au fil des ans comme mes préférées. Je pense qu'elle seront pour vous des sources d'inspiration, de réflexion et d'encouragement.

Et si nous allions, à présent, vers ces bras roses qui nous appellent ?

1

« Où l'Idéal m'appelle
en ouvrant ses bras roses »

Pourquoi choisit-on de devenir enseignant ? S'il y a évidemment d'excellentes raisons de faire ce choix, il en est aussi, sans l'ombre d'un doute, de bien mauvaises. Commençons par celles-là.

On peut, par exemple prendre cette décision parce que les conditions d'accès aux programmes de formation universitaire en enseignement sont si peu exigeantes (car c'est, hélas, le cas) qu'elles en font l'une des rares portes d'entrée à l'université qu'une cote R peu reluisante permettra de franchir.

On peut aussi faire ce choix en se disant qu'être enseignant présente, par rapport à d'autres occupations, de grands avantages en matière de salaire, de sécurité d'emploi, de retraite et de vacances –ah! ces deux mois d'été que certains enseignants désignent en riant comme un mois de convalescence suivi, en effet, d'un mois de vacances.

Réglons les questions d'argent d'entrée de jeu. Le salaire annuel des enseignants, en 2015, oscille entre près de 40 000 $ et un peu plus de 76 000 $, sur une échelle de 1 à 17, qui prend en compte l'expérience et la scolarité[1]. Mais il faut ajouter aussitôt que nombre d'enseignants sont à statut précaire ou n'ont pas une pleine tâche. De plus, la progression dans l'échelle salariale au Québec est notoirement lente comparativement à d'autres provinces canadiennes.

Toujours est-il que ces deux raisons, le pis-aller et le confort (pour le dire vite), sont sans doute les pires qui soient pour choisir l'enseigne-ment. À vrai dire, je ne les ai à peu près jamais entendues revendiquées. On peut penser que si personne ne les avoue, c'est justement parce qu'elles sont inavouables; je suis pour ma part convaincu que quiconque deviendrait enseignant pour des raisons de cet ordre ne resterait pas très longtemps dans le métier, ou alors y serait très malheureux et y connaîtrait peu de succès.

---

1. Le Régime de retraite des enseignants (RRE) a été créé en 1880! On trouve une présentation sommaire de ses dispositions sur le site de Retraite Québec: carra.gouv.qc.ca/pdf/rre_bref_fra.pdf.

Je pense au demeurant qu'il est intéressant qu'on juge spontanément « inavouable » d'avoir des motivations utilitaires ou mercantiles pour entrer dans l'enseignement. Ce malaise situe d'emblée l'enseignement à un carrefour très particulier où se croisent un métier, une profession et une vocation.

Je reviendrai plus loin dans ce livre sur cette idée que l'enseignement est une profession au sens propre – une idée qui est en ce moment même chaudement débattue à travers la question de l'opportunité de créer, au Québec, un ordre professionnel des enseignants. Mais pour le moment, je voudrais attirer votre attention sur le versant « vocationnel » de la question.

J'en conviens, le mot peut faire sourire, tout chargé qu'il est de connotations vieillottes et de sa longue association avec la religion, association qui est encore relativement récente chez nous, d'autant plus que les religieux ont longtemps été les enseignants des Québécois. La vocation des enseignants avait alors, littéralement, une ferveur religieuse.

Mais, délesté de cet arrière-plan, le mot est bien celui qui convient pour rappeler la très forte dimension éthique, politique et normative de l'enseignement et de l'éducation.

Si vous avez décidé de devenir enseignant, je fais le pari que vous avez compris tout cela, ou du moins que vous le pressentez. C'est néanmoins une réalité qu'il faut souligner d'emblée, et avec force.

Pour cela, il faut rappeler ce qu'est précisément l'activité que pratiquent les enseignants quand, justement, ils enseignent.

Éduquer et enseigner : les leçons de Platon

Je vous propose de remonter à Platon, puisqu'au fond, tout part de lui. Vous connaissez sans doute la merveilleuse histoire du mythe de la caverne, qu'il raconte dans *La République*, mais sans peut-être avoir saisi que c'est bien d'éducation qu'il nous parle, ni l'immense portée de son allégorie – puisque c'en est une.

Rappelez-vous. Platon nous demande d'imaginer des êtres humains enchaînés au fond d'une caverne, dos à un mur, et ne pouvant regarder que droit devant eux la paroi de la caverne sur laquelle défilent des images. Ces images, pour eux, sont le réel. Ils les observent, les nomment, les apprécient, les commentent, tentent de repérer des constances dans leurs apparitions successives. Certains se montrent plus habiles à ce jeu, et on vante leurs mérites.

Nous sommes tous ces prisonniers. Des prisonniers de l'esprit, enfermés dans les ténèbres de l'opinion, de la *doxa*, des conventions, des préjugés, des idées toutes faites confortables et faciles.

Or, voilà qu'un jour, l'un d'entre nous est libéré de ses liens et contraint de se retourner, pour marcher le dos à la paroi du fond de la caverne vers quoi ses regards, comme ceux de tous les autres, s'étaient toujours portés. Est-il le premier ? Sans doute pas : il y en a eu au moins un autre avant lui, la personne qui est venue le chercher. Et elle, alors, qui l'a délivrée ? Peu importe, en fait, et Platon laisse de côté la mystérieuse affaire. Ce qu'il importe de noter, c'est que la personne qui libère notre prisonnier est un enseignant. Faire s'évader les captifs, c'est son métier, sa profession, sa vocation.

Le parcours qui conduit à la vraie liberté est long et difficile. C'est celui d'un douloureux arrachement à tout ce qui retient prisonnier au fond de la caverne. L'aide de l'enseignant est indispensable : il connaît le chemin et les embûches – mais aussi les joies – qui le jalonnent.

Le premier moment est celui de la découverte de sa propre ignorance. Sur un monticule derrière le mur, il y a un feu ; entre le feu et le mur, des gens passent, portant des objets divers qui projettent leurs ombres sur la paroi de la caverne. Voilà ce que le prisonnier et ses infortunés compagnons prenaient pour le réel : des ombres. Comme leurs exercices de reconnaissance et de prédiction lui semblent soudain puérils et vains !

Mais les objets portés par les marcheurs devant le mur ne sont pas encore la réalité, et le parcours, qui est celui de l'éducation, se poursuit. L'ancien captif grimpe, difficilement mais avec l'aide de l'enseignant, vers la sortie de la caverne. Quand il y parvient, les yeux de l'évadé qui s'éduque doivent s'adapter à la lumière. On ne voit pas les choses d'un coup ; mais quand on les comprend peu à peu, en vainquant les ténèbres de l'ignorance, on dit souvent, tout comme Platon nous le suggère : « Ah ! Je vois... ».

Cet instant de grâce, celui où l'ignorance recule, qui nous est signalé par le fait qu'un élève dit : « Je vois. J'ai compris », procure à l'enseignant un des bonheurs particuliers que lui réserve son métier.

Il y en a bien d'autres.

Moments de grâce

Il y a des moments inoubliables qui nous nourrissent, nous transforment et ravivent notre passion du métier. Des perles qui naissent dans le quotidien, et nous donnent envie de réinventer notre pratique, de poursuivre notre route avec les jeunes malgré les difficultés que nous pouvons parfois trouver sur ce chemin.

Combien de mots prononcés ou écrits par mes élèves ont pu faire naître chez moi cet état de grâce qui me confirme encore que j'ai choisi le plus beau métier du monde. Quelle joie innommable que de voir un adolescent anorexique, hospitalisé, recommencer à manger car il veut retourner sur les planches ! Quelle merveille de voir une directrice accepter d'ouvrir une école un samedi, pour que cet adolescent puisse venir répéter ! Quelle félicité que d'entendre le parent d'un élève handicapé me dire qu'il n'a jamais vu son enfant aussi libre et heureux de sa vie !

Il y a de ces expériences qui nous marquent à jamais. Je n'oublierai jamais cette école où plus de 140 élèves appartenant à une multitude de cultures et de religions s'étaient unis pour créer une pièce à propos de la tolérance. Un projet qui a su mobiliser toute l'équipe–école, des concepteurs profession-nels et ces fabuleux élèves avides de porter une parole qui leur soit signifiante. Je me souviens de cette petite Algérienne qui désirait écrire la scène de l'assassinat de Gandhi. Elle tenait tant à dire que la violence n'est pas acceptable ! Je me souviens de ces jeunes Haïtiens et Africains qui couchaient des mots fracassants sur le papier, inspirés par des modèles qu'ils avaient choisis : Luther King et Man-dela. Et que dire de ces élèves qui ont défoncé la scène comme si leur vie en dépendait. Nombreux sont ceux qui, devenus adultes, m'ont dit combien cette expérience fut déterminante pour eux. Ce projet leur avait permis de réaliser qu'ils *pouvaient persévérer*, qu'ils étaient *capables* de relever les défis qu'ils rencontreraient ensuite. Ces jeunes m'ont offert un état de grâce qui m'a habité durant toute l'année vécue à leurs côtés. Je leur en serai reconnaissante à jamais.

Julie Tremblay-Sauvé

Suivons encore Platon un moment : il a au moins trois autres idées cruciales à nous proposer et sur lesquelles je veux insister.

La première est que ce que nous contemplons, une fois parvenus hors de la caverne, c'est ce qu'il appelle des Idées. Elles sont pour lui éternelles, immuables et bien plus réelles que les objets du monde qui en sont le reflet et qui ne sont connaissables que par ces Idées – sur tout cela, les mathématiques sont pour Platon le modèle de référence. Platon esquisse ici une théorie de la connaissance. Que l'on soit ou non d'accord avec celle qu'il propose, il nous dit que l'éducation met nécessairement en jeu une telle théorie, qui nous dira ce que signifient connaître, puis apprendre, et aussi ce qui mérite d'être enseigné et appris.

Sa deuxième idée vous fera sans doute long-temps méditer et rêver, mais aussi peut-être, rager. La voici. Hors de la caverne, Platon avance que notre éducation culmine avec la contemplation de ce qu'il appelle l'Un-Bien, une Idée suprême, celle qui, tel un soleil, éclaire et rend possibles toutes les autres. Ce qu'il veut dire, c'est que l'éducation est ultimement une moralisation, qu'elle nous rend – ou, du moins, qu'elle devrait nous rendre – meilleurs. L'idéal est aussi noble qu'élevé, et il explique en partie pourquoi nous attachons tant de valeur à l'éducation. Cet idéal est-il crédible ? L'a-t-il déjà été ? Comme moi, vous contemplerez sans doute ces immenses questions et tout ce qu'elles impliquent durant toute votre carrière et même toute votre vie.

J'en viens à la troisième et dernière grande idée que propose Platon à travers le mythe de la csaverne. Elle a deux aspects complémentaires. Le premier est que nous sommes inégalement éducables, que la sortie de la caverne n'est pleinement possible que pour une minorité (dans laquelle Platon, avant-gardiste en cela, range certains hommes, mais aussi certaines femmes) ; le second aspect est qu'à ceux et celles qui ont réussi l'entièreté du parcours revient l'obligation de constituer ce qu'on appellerait aujourd'hui la classe des experts (il parle de philosophes-rois, ou reines...) qui dirigeront la société. Vous serez sans doute cette fois en profond désaccord avec lui, car ces théories élitistes heurtent nos sensibilités démocratiques. Mais ces observations ont le mérite de nous rappeler que l'éducation a une portée, une importance et un rôle politiques considérables.

Vertige

Adoptés pleinement ou chaudement débattus, ces idéaux, qu'on réunit souvent sous le vocable de « conception libérale de l'éducation », ont exercé sur notre culture une influence extraordinaire, encore nettement perceptible de nos jours[2]. On les retrouve dans l'idée que l'éducation est une affaire d'émancipation, d'autonomie, de liberté ; qu'elle a un rôle politique à jouer ; qu'elle

---

2. Ce n'est pas le lieu ici de s'attarder à ces importantes discussions défendant ou critiquant le modèle libéral platonicien (et partant la conception « traditionnelle » de l'éducation). Je noterai seulement deux des directions qu'elles ont prises. Jean-Jacques Rousseau (1712-1778), d'une part, dans ce qu'on a qualifié de « révolution copernicienne » en pédagogie, a remis en question la vision de l'enfance ainsi que les conceptions du savoir sur lesquelles ce modèle reposait. John Dewey (1859-1952), quant à lui, s'est efforcé de montrer comment une analyse dite « instrumentaliste » de la connaissance et des méthodes d'apprentissage par projet convergent avec la défense et la promotion, par l'école, d'un mode de vie associatif démocratique. Sur ces questions, outre les œuvres de Rousseau et de Dewey, on pourra consulter mon livre *L'éducation* (GF, 2011).

implique de la sélection, possiblement par les aptitudes ; qu'elle implique également la transmission et l'acquisition de savoirs fondamentaux retenus entre autres, voire surtout, pour leur effet moralisateur, et qui nous arrachent à l'ignorance et aux préjugés de l'ici et maintenant.

On comprend mieux à présent ce qui contribue à faire du métier d'enseignant une vocation.

Enseigner, c'est recevoir de la communauté la lourde et redoutable charge de former les esprits des enfants (au sens large) afin de les rendre libres en leur transmettant des savoirs qu'ils assimileront au point d'être transformés par eux. Par cette transmission, on entend les préparer à prendre part à la vie sociale, politique et économique. Être enseignant, c'est encore avoir la responsabilité d'incarner l'idéal d'une personne éduquée, et transformée, par l'éducation qu'elle a reçue. Cela implique en outre la participation à une inévitable sélection, dont les critères dépendent du régime politique dans lequel les enfants sont appelés à prendre place – dans le cadre de nos démocraties libérales, en tant que citoyens.

C'est pour toutes ces raisons qu'on ressentira un véritable malaise devant qui admettrait que c'est strictement par ambition matérielle qu'il veut devenir enseignant. Ce malaise sera amplifié par le vertige qu'on ne peut s'empêcher de ressentir devant l'immensité des responsabilités qui incombent à tout éducateur.

Comment se préparer adéquatement à accomplir cette tâche? Un détour par l'histoire est utile pour comprendre et apprécier comment nous répondons aujourd'hui à cette question.

D'hier...

Vous suivrez certainement durant votre formation – du moins, il faut le souhaiter – un cours sur l'histoire de l'éducation au Québec.

Vous y apprendrez dans le détail comment, au terme de longues luttes et de compromis parfois délicats, notamment sur les plans politique et religieux, un double système scolaire anglophone protestant et francophone catholique s'est progressivement mis en place chez nous durant le XIXe siècle. L'Église y a joué un rôle considérable.

La formation des enseignants était alors – nous sommes dans la seconde moitié du siècle – confiée à des écoles normales, qui décernaient plusieurs types de brevets d'enseignement permettant d'exercer le métier aux divers niveaux que comportait le système scolaire d'alors.

Tout cela a radicalement changé avec le fameux rapport Parent, présenté en cinq livraisons, de 1963 à 1966, par la commission du même nom. C'est un moment décisif de l'histoire de l'éducation et de la formation des maîtres au Québec.

Pour aller à ce que je tiens pour l'essentiel, les membres de la commission ont, au terme d'un méticuleux travail, conclu que la modernisation du système scolaire s'imposait, laquelle devrait en particulier démocratiser l'accès à des formations offertes sur tout le territoire, et contribuer à l'avancement de l'égalité des chances.

En ont résulté l'instauration du ministère de l'Éducation et du Conseil supérieur de l'éducation (1964), le système des polyvalentes, puis, en 1967, la création des cégeps, en remplacement des collèges qui dispensaient jusqu'alors le cours classique, et enfin, en 1969, la création du réseau des universités du Québec. C'est aux universités ainsi formées et à celles qui existaient déjà que l'on confia alors la formation des maîtres. Les écoles normales fermèrent donc leurs portes, leur charge étant transférée aux départements de sciences de l'éducation nouvellement créés.

Le Québec n'était pas le seul à prendre ce genre de décisions : on avait assisté ou l'on assisterait bientôt à des changements similaires un peu partout dans le monde. En fait, dès le début du xxe siècle, un vaste mouvement international animé, entre autres, par John Dewey (1859-1952) aux États-Unis et par les nombreux acteurs de l'Éducation nouvelle, basée notamment à Genève, réclamait une pratique et une théorie de l'éducation affranchies de la tradition et de son empirisme tâtonnant et résolument placées sous le signe de la science, de l'expérimentation et de la rigueur. La création des sciences de l'éducation et leur inscription au sein de l'université découlaient tout naturellement de cette orientation.

Où en sommes-nous, quelque cinquante ans après le rapport Parent ? La formation des maîtres est demeurée à l'université, mais a subi quelques modifications, dont certaines, assez substantielles, méritent d'être rappelées.

... à aujourd'hui

Longtemps, au préscolaire et au primaire, la formation des maîtres s'échelonnait sur trois ans, et débouchait sur un baccalauréat en enseignement qui permettait d'enseigner à ces niveaux. À cette même époque, pas si lointaine, on accédait typiquement à l'enseignement secondaire en étant le détenteur d'un baccalauréat dans l'une des disciplines qui y sont enseignées et après avoir obtenu un certificat en enseignement secondaire, qui pouvait se compléter en un an.

Au milieu des années 1990, ce certificat a été aboli. Les baccalauréats en enseignement, dont la durée avait été portée à quatre ans, sont devenus la seule porte d'entrée en éducation. Ce fut un moment de vifs débats, au cœur desquels était notamment posée la question de la formation disciplinaire des maîtres du secondaire. C'est un sujet qui, pour être bien saisi, mérite que l'on revienne un moment sur ce que signifie enseigner.

Si on y réfléchit un peu, on voit vite que l'on emploie ce mot pour désigner un extraordinaire éventail d'activités. Celui ou celle qui tend la jambe d'une certaine manière peut, en certaines circonstances, être en train d'enseigner – la danse, par exemple ; celle ou celui qui trace des figures géométriques sur un tableau aussi ; de même pour qui lit un poème avec émotion. On imaginera sans mal d'innombrables circonstances où il paraît envisageable de dire que quelqu'un enseigne. Quelles sont les conditions qui doivent être réunies pour qu'il soit légitime de le dire ?

Le philosophe de l'éducation Israel Scheffler (1923-2014) a avancé que trois conditions ou critères devaient être satisfaits pour qu'on puisse, dans tous les cas, parler d'enseignement. Le premier critère est l'intentionnalité :

la personne qui enseigne se propose de faire apprendre quelque chose. Le deuxième critère est la plausibilité raisonnable, par quoi Scheffler veut dire qu'il serait « déraisonnable » de penser que les stratégies choisies par la personne qui se propose de faire apprendre ne sont pas susceptibles d'atteindre ce but. Le troisième et dernier critère, celui de la manière, rappelle que ce que fait l'éducateur est limité par des considérations relatives à la manière de procéder. Ces considérations sont variables selon le moment et le lieu, mais ce sont elles qui font, par exemple, que des châtiments corporels nous semblent à présent un moyen d'enseigner tout à fait inacceptable[3].

Enseigner est, en ce sens, une pratique qui suppose la maîtrise de certains savoirs et de certaines techniques jugées appropriées. On peut sans doute en faire aussi un « art », en signalant qu'il revient au praticien de décider, selon les cas particuliers qu'il rencontre, des techniques, méthodes et approches qu'il convient d'utiliser. Mais il reste vrai que l'enseignant doit connaître un ensemble de techniques. Appelons tout cela son « savoir pédagogique et didactique ».

---

3. Israel Scheffler, « The concept of teaching », dans C. J. B. MacMillan et T. Nelson (dir.), *Concepts of Teaching*, Chicago, Rand McNally, 1968, p. 27.

Il est également indéniable, on l'a vu, que tout cela est mis en œuvre pour la transmission d'un contenu donné : c'est le savoir disciplinaire.

La formation que vous recevrez à l'université, issue de cette réforme des années 1990, a suscité bien des débats qui avaient en leur cœur, tout particulièrement pour l'enseignement au secondaire, la place à donner au savoir disciplinaire. La formation offerte comportait deux années en sciences de l'éducation, et deux années de formation disciplinaire[4].

Certains ont alors soutenu que le nouveau baccalauréat en quatre ans débalançait de manière inacceptable la part des savoirs disciplinaires des enseignants au profit de savoirs pédagogiques et didactiques, sans doute utiles, mais auxquels on faisait la part trop belle. C'était d'autant plus problématique que certains aspects de la formation en question étaient souvent jugés sans grande valeur ; la mauvaise réputation académique des sciences de l'éducation, qu'explique peut-être en partie leur jeunesse, joue sans doute un rôle ici... Une formule polémique, dont nous sommes quelques-uns à revendiquer la paternité, résume ce débat : « Einstein ne pourrait pas enseigner la physique au secondaire au Québec ! »

---

4. Un temps, on a même proposé un baccalauréat de quatre ans avec deux matières plutôt qu'une, ce qui diminuait encore la place de la formation disciplinaire.

Vous aurez deviné le contre-argumentaire que l'on peut opposer à cette position. On rappelle l'importance de ces savoirs liés à la transmission, on fait valoir qu'on a cherché à établir un équilibre souhaitable entre les deux types de connaissances auquel l'enseignant doit avoir recours, on invoque pour finir des cas, réels ou imaginaires, de personnes très savantes n'ayant pas, ou peu, de talent pour enseigner malgré leurs vastes connaissances disciplinaires.

Je peux pour ma part témoigner de ce que de nombreux étudiants formés dans ce nouveau baccalauréat de quatre ans m'ont dit se sentir insuffisamment compétents dans leur discipline, à l'instar de cette jeune femme qui espérait commencer sa carrière en enseignant les sciences en première année du secondaire, et surtout pas en cinquième. Précisons toutefois que la réforme des années 1990 a ménagé, et il faut l'applaudir, une place plus grande aux stages, et donc à l'apprentissage sur le terrain du métier d'enseignement.

Le cas de l'enseignement au préscolaire et au primaire est différent. Mais, là aussi, des critiques sur la formation disciplinaire des titulaires et sur leur formation pédagogique et didactique ont été émises, qui dénonçaient cette fois encore la faiblesse des contenus offerts dans les cours universitaires.

L'aventure du préscolaire

Choisir l'enseignement au préscolaire, c'est choisir l'inconnu et l'émerveillement.

Le préscolaire, autrefois appelé l'école maternelle, est un monde à part parce qu'il est un cycle en lui-même. Bien que l'horaire soit différent, le temps d'enseignement est le même.

Mis à part la période du dîner, vous serez en présence des élèves toute la journée, chaque minute étant propice au développement de l'une ou l'autre des six compétences du programme.

Au préscolaire, chaque enfant est une surprise. Plusieurs élèves dont les besoins particuliers n'ont pas été identifiés peuvent rendre les conditions d'enseignement difficiles. Les budgets d'aide n'étant octroyés qu'après les évaluations et l'établissement d'un diagnostic, vous serez les premiers à sonner l'alarme, mais sans nécessairement bénéficier des fruits de ce travail de dépistage. Vous aurez souvent à faire valoir votre point de vue. Notez vos observations et vos interventions. Gardez-en des traces, et demandez le soutien des professionnels de votre milieu.

La spontanéité et la créativité des élèves vous feront vivre des moments magiques. Vous serez émerveillés par leur façon de raisonner, de comprendre le monde. Ayez de la souplesse. Faites-vous confiance. Laissez-vous guider par votre intuition. Les élèves sont une source infinie d'inspiration. Ils sont votre matière première. Donnez-leur voix au chapitre.

> Voici, pour terminer, mes mots-clés : respect, écoute, confiance, souplesse et tolérance. À vous de trouver les vôtres.
>
> Lucie Ste-Marie

La question de la qualité de la formation des maîtres au Québec est délicate. Je ne peux nier avoir entendu bien des récriminations sévères de la part de nombreux étudiants. Voici certaines d'entre elles, les plus courantes selon mon expérience.

Plusieurs étudiants dénoncent ce qu'ils perçoivent comme l'obsession budgétaire des facultés d'éducation, qui admettent et forment le plus de gens possible sans se préoccuper de l'excellence ou des perspectives d'emploi, une façon de faire dont certains étudiants, une fois diplômés, font ensuite les frais en se retrouvant dans une situation de précarité chronique.

On déplore aussi le manque de contenu intellectuel de certains cours et le peu de lectures qu'on y fait. Le caractère inutilement abstrait d'autres cours et le manque de formation pratique (par exemple, en gestion de classe) est aussi dénoncé, et avec eux, l'inadéquation entre ce qui est enseigné et la réalité de la classe et de l'école.

La sévérité de ces critiques (très répandues, je le répète) est sans doute à nuancer : certains cours en sont épargnés, et certains programmes ou aspects plus ponctuels de la formation – les stages, par exemple – sont presque unanimement salués.

À ce propos, pour conclure sur ce sujet polémique, je me permettrai de raconter une anecdote que je pense éclairante.

J'ai longtemps fait un cours consacré aux théories philosophiques de la connaissance et de l'apprentissage (en gros, ce qu'on appelle l'épistémologie) destiné aux futurs maîtres du secondaire. Puis, durant une année, j'ai donné ce cours à des personnes se destinant à l'enseignement préscolaire et primaire.

Le cours se déroulait merveilleusement bien jusqu'au moment où, vers la fin de la session, j'ai entrepris de démontrer que certaines croyances relatives à l'apprentissage étaient totalement fausses et qu'il s'agissait, en somme, de légendes urbaines de l'éducation. Je pensais enfoncer des portes ouvertes en contredisant des idées saugrenues comme celles-ci : on n'utilise que 10 % de notre cerveau ; il y a une importante distinction à faire, sur le plan de l'apprentissage, entre le cerveau gauche et le cerveau droit ; il existe des styles d'apprentissage bien distincts... et quelques autres encore. Mais voilà : cette classe qui avait été jusque-là si réceptive et désireuse d'apprendre recevait ces propos avec un malaise que je ne percevais que trop bien.

Une étudiante se risqua à parler: tout ce que je leur présentais comme de la « poutine intellectuelle » leur était enseigné dans d'autres cours comme des savoirs scientifiques. C'est ce jour-là que le projet de mon ouvrage *Légendes pédagogiques* est né. Les étudiantes de cette année-là, que je remercie, ont beaucoup contribué à établir la liste des sujets qui y sont traités.

Un dernier mot sur les plus récentes modifications apportées à la formation et à l'accès à la profession, lesquelles ont eu lieu dans la foulée de la réforme de l'éducation qui a été rebaptisée plus tard « renouveau pédagogique ». On y a introduit l'idée de compétences professionnelles, harmonisant ainsi la formation avec l'une des orientations majeures de cette réforme qui misait sur la notion de compétence. C'est donc en termes de compétences professionnelles que l'on présente et conçoit désormais la formation des maîtres. Je ne m'attarderai pas à ce sujet, mais je pense que ce concept, qui n'est pas sans mérites, n'est sans doute pas le plus pertinent pour cerner, définir ou désigner ce qu'on attend des enseignants.

Quoi qu'il en soit, pour enseigner au Québec, vous aurez accès aux programmes de baccalauréat suivants, dans le cours desquels vous devrez passer le Test de certification en français écrit pour l'enseignement (TECFÉE) : préscolaire et primaire ; enseignement de l'anglais langue seconde ; enseignement du français langue seconde ; adaptation scolaire ; enseignement secondaire (nombreuses disciplines) ; enseignement en formation professionnelle et technique ; arts dramatiques ; arts visuels et médiatiques ; danse ; musique ; activité physique[5].

Notez que tout cela peut changer assez rapidement et, parfois, assez étrangement : c'est ainsi qu'un programme de maîtrise permet aux titulaires d'un baccalauréat disciplinaire comportant au moins 45 crédits de formation dans une ou plusieurs matières prévues au régime pédagogique québécois d'accéder à l'enseignement secondaire, ce qui donne en partie raison à ceux qui déploraient la disparition du certificat. Notez aussi que les offres de formation peuvent varier selon les universités, et que diverses exceptions à la règle générale pour accéder à l'enseignement sont prévues.

Vous voilà donc formé, et prêt à rencontrer votre première classe bien à vous. Il faut qu'on parle de ce qui vous attend.

---

5. Ce document interactif de l'UQAM pourra vous aider à déterminer le parcours qui vous convient pour obtenir un brevet d'enseignement : education.uqam.ca/futurs-etudiants/devenirenseignant.

À mes futurs collègues

Je ne vous connais pas encore mais vous avez déjà ma sympathie. Fraîchement sortis de l'université, avec vos aspirations, vos projets et votre grand enthousiasme, vous avez appris beaucoup de leçons, réussi bien des tests. Sachez qu'à présent, ce sont vos élèves, leurs parents, votre direction, voire vos collègues qui vont vous tester ; vous tirerez des leçons utiles de ces expériences, qui ne seront pas toujours roses.

Bien des écueils vont se dresser sur votre route : la précarité, le manque de services pour des élèves de plus en plus difficiles, la mesquinerie de certains collègues qui jalouseront votre flamme.

N'abandonnez pas, profitez des vents favorables : les petits riens qui enchanteront vos journées, le câlin d'un enfant, l'aide d'un collègue, le compliment d'un parent ou d'une direction. Sachez utiliser même les vents contraires : la rivalité de certains qui prouve vos compétences ; l'angoisse des « parents-hélicoptère » que vous apprendrez à rassurer en devenant fin psychologue ; les difficultés des élèves qui vous feront passer des heures créatives pour pallier le manque de services appropriés.

Lorsque vous atteindrez enfin la haute mer, vous pourrez contempler vos réalisations, et l'aise avec laquelle vous aurez finalement fait face aux difficultés vous surprendra. Mais rappelez-vous qu'une tempête peut se lever n'importe quand, alors continuez de ménager vos ressources, et créez un équilibre dans votre vie. Cherchez parmi vos pairs ceux qui vous ressemblent, fuyez ceux qui vous dénigrent. Concentrez-vous sur vos réussites, apprenez de vos erreurs et n'oubliez pas d'avoir du plaisir !

Rahouadja Zarzi

2

L'épreuve du réel

Vos cours et vos stages sont derrière vous. Vous avez également réussi le fameux et tant redouté examen de français obligatoire et éliminatoire, le TECFÉE[1]. Vous voilà donc devenu enseignant,

---

1. Ce test est désormais le même pour toutes les universités, ce qui met un terme à cette situation où, selon les établissements, les tests étaient perçus par les étudiants, à tort ou à raison, comme plus ou moins exigeants. En 2015, 50 % des futurs enseignants ont échoué à l'examen lors de leur première tentative, ce qui incite à soulever de bien troublantes questions tant sur l'enseignement du français écrit dans nos écoles, que sur l'admission aux programmes de formation des maîtres. Il me faut encore souligner qu'il est étonnant que l'on fasse en général (l'UQAM, à ma connaissance, est sur ce plan une exception) si peu de cas de la compétence en langue orale, pourtant cruciale en enseignement.

et vous avez en poche le document qui vous permet de pratiquer votre métier[2].

Une de vos premières préoccupations sera de vous assurer cette précieuse stabilité que procure l'acquisition de la permanence. Les cas de figure sont nombreux et variés, au point où, si certains l'obtiennent rapidement, on m'a rapporté le cas, extrême sans doute, mais réel, d'une personne ayant pris sa retraite après 26 années passées dans l'enseignement sans avoir jamais été permanente!

Les options qui s'offrent à vous sont multiples et votre choix dépendra de vos préférences, du hasard de vos rencontres, de ce que vous enseignez, de l'endroit où vous souhaitez (ou êtes plus ou moins contraint de) le faire, de la commission scolaire et de l'école, sans oublier vos valeurs et inclinations. Vous avez un certain contrôle sur quelques-unes de ces variables; d'autres vous échappent entièrement.

Enseignerez-vous en ville? À Montréal, peut-être? À la campagne? En région éloignée? Le Grand Nord vous attire-t-il? Aimeriez-vous enseigner votre discipline, les mathématiques par exemple, en cinquième ou en première

---

2. Il en existe quatre: le brevet d'enseignement, le permis d'enseigner, la licence d'enseignement et l'autorisation provisoire d'enseigner. Le site du ministère en fait la description.

année du secondaire? Une école internationale est-elle envisageable? Serez-vous spécialiste au primaire? En musique? En anglais? En danse? Comme Harmonie Fortin-Léveillé, alors!

Mme Danse

Être enseignant spécialiste au primaire, c'est être le passeur de sa discipline au quotidien et, en même temps, en être l'incarnation humaine! Oui, quand vous passerez dans les corridors de votre établissement, on vous verra comme Mme Danse (comme moi) ou M. Anglais...

Être enseignant spécialiste au primaire, c'est aussi accepter d'être dans une catégorie un peu à part, souvent négligée par l'équipe-école, la direction, le gouvernement et même les syndicats, et se sentir plus souvent comme un animateur que comme un enseignant.

C'est encore prendre le risque d'être écarté de son emploi pour des raisons de personnalité, puisque vos collègues ont le pouvoir de décider de la reconduction de votre discipline d'une année à l'autre. Il faut être préparé mentalement à voir l'utilité de son travail remise en question et, donc, à devoir la défendre.

Selon la spécialité enseignée, cela revient à se battre contre les lobbys de certaines disciplines qui exercent une pression constante auprès

---

du gouvernement et des autorités pour que plus de temps leur soit alloué, ce qui laisserait donc moins de temps à la vôtre.

Il faut une grande capacité d'adaptation pour faire face aux problèmes logistiques qui apparaissent trop souvent, comme enseigner dans trois écoles différentes en même temps, ne pas avoir de local à soi, etc.

Finalement, être enseignant spécialiste au primaire, c'est parfois voir défiler dans sa classe plus de 500 élèves par semaine. Il faut quand même connaître les noms de tous ces jeunes avec qui nous partageons notre passion et nos journées, ainsi que les besoins particuliers de chacun. C'est un gros contrat – mieux vaut être passionné!

Harmonie Fortin-Léveillé

Avez-vous pensé aux écoles privées? À une école internationale? La formation générale des adultes vous plairait peut-être? France Vallée s'y connaît.

Enseigner à des « adultes »

Aujourd'hui, les élèves des centres de formation générale des adultes (FGA) ont en moyenne entre 16 et 20 ans.

Les centres pour adultes sont souvent des lieux de la dernière chance, celle qui ouvre la porte de tous les possibles. Les élèves espèrent obtenir les préalables pour aller suivre d'autres formations, après avoir fait tout le cursus régulier sans avoir réussi à obtenir leur diplôme.

Enseigner à la FGA demande une grande capacité d'adaptation. Les groupes sont multiniveaux, incluant souvent des élèves de la 1re à la 5e secondaire, et souvent multimatières – français-histoire, maths-sciences. Dans un même groupe, les élèves n'ont pas tous le même horaire : dans une même matière, certains auront 3 heures de cours par semaine, d'autres 30. Des élèves peuvent intégrer le groupe à tout moment, d'autres le quittent tout aussi facilement. C'est un système qu'on appelle « entrées-sorties variables ». Tous n'ont pas la même motivation, leur estime d'eux-mêmes est généralement faible, et la plupart d'entre eux ont un ou plusieurs problèmes comme la dyslexie, le TDAH, la dysorthographie, la dyscalculie, des difficultés personnelles multiples, etc. Plusieurs d'entre eux doivent subvenir à leurs besoins en travaillant, cumulant parfois plusieurs petits boulots.

Malgré les besoins criants de ces élèves, il y a peu de services offerts. De plus, les enseignants n'ont pas de stabilité. Comme le nombre d'élèves fluctue chaque semaine, la formation des groupes suit l'évolution de cette variation. Les enseignants les plus précaires verront leur horaire changer au fil des mois : peu d'heures en août, énormément en octobre, fermeture d'un groupe pour décembre, réouverture en janvier, et ainsi de suite. Parmi les moins précaires des précaires, beaucoup ont plus de vingt années d'expérience dans le même centre. Il est possible de terminer sa carrière sans avoir jamais eu de poste permanent.

Malgré ces conditions difficiles, le défi est exaltant. Nous voyons s'épanouir sous nos yeux des jeunes qui, reprenant confiance en eux, voient à nouveau pour eux un avenir possible.

France Vallée

Vous irez peut-être vers la francisation ? Ou dans une école alternative ? Il y a encore au Québec, et Marie-Pier Lévesque tenait à le rappeler, quelques écoles alternatives publiques : une trentaine au primaire, trois au secondaire et une qui combine les deux niveaux. Elles sont une option intéressante pour ceux qui apprécient le vent de liberté que procure un projet éducatif cogéré.

Et que diriez-vous d'enseigner en prison ? Ou dans une école de raccrocheurs ? Michel Laforge le fait depuis longtemps.

Une école de raccrocheurs

Il existe plusieurs types d'écoles où vous pourrez choisir de travailler. La mienne est ce qu'on appelle une école de raccrocheurs.

Initialement, elle était destinée aux élèves qui, après avoir pris un autre chemin pendant deux ans ou plus, décidaient de revenir en classe. Mais les temps ont changé. Aujourd'hui, on la surnomme « école de la dernière chance », et elle s'inscrit dans le parcours régulier. On dit « dernière chance » parce que cette école différente des autres est adaptée à des élèves qui ont échoué ailleurs. Elle offre un horaire étalé sur cinq jours et les cours qui y sont donnés ont une durée de trois heures, comme dans les collèges.

Si vous venez enseigner dans mon école, vous aurez la chance de rencontrer des élèves de toutes les cultures de la planète, ou presque. Certains connaissent de très grandes difficultés, de tous ordres. Mais vous ne serez pas seul, car votre classe sera bien remplie : vous aurez parfois devant vous 34 de ces élèves qui ne demandent qu'à enfin réussir.

Ah oui ! C'est vrai, j'oubliais de vous dire qu'ils ne sont pas petits : ils ont entre 16 et 22 ans.

Michel Laforge

On voit que le contexte d'enseignement est d'une variété inouïe. Il reste qu'un certain nombre de réalités sont suffisamment courantes pour qu'il vaille la peine de les signaler à quiconque commence sa carrière. Certaines ne sont pas des plus agréables, mais vous devez les connaître.

L'enthousiasme premier...
et ce qui pourrait le tempérer

Avant d'en arriver à des réalités difficiles qui seront cernées et décrites plus objectivement, et en particulier à celles de la précarité et du décrochage, que les nouveaux enseignants connaissent bien, je voudrais faire état de quelques aspects de leur vécu que l'on m'a rapportés assez souvent pour que j'en sois frappé, et sur lesquels mon équipe de rêve a tenu, elle aussi, à insister.

Comme nous l'avons vu, on entre typiquement dans l'enseignement animé d'une grande passion. On veut – il faut le dire et le redire ! – contribuer à rendre le monde meilleur ; on est convaincu de l'importance de ce qu'on fait ; on est porté par un grand amour des savoirs que l'on va transmettre, de la matière qu'on a choisi d'enseigner. On veut incarner les valeurs que l'on porte, ces vertus épistémiques universelles que sont, par exemple, la curiosité intellectuelle, l'ouverture d'esprit et l'impartialité.

Par-dessus tout, peut-être, on aime les enfants ou les adolescents qu'on va côtoyer. On espère les aider à sortir de la caverne. On a le souci de ne pas être un de ces mauvais enseignants que, hélas, certains ont croisés un jour, et on a en tête des modèles qui, au contraire, nous ont marqués et inspirés. C'est avec ce bagage et ces ambitions louables qu'on entreprend le chemin.

Il en résulte parfois de grandes inquiétudes. Serai-je à la hauteur? Quels compromis devrai-je consentir? Comment ferai-je face aux situations inédites qui ne manqueront pas d'apparaître?

Si j'en juge d'après les témoignages que j'ai entendus, les nouveaux enseignants ont parfois le sentiment d'être laissés à eux-mêmes pour s'adapter à une réalité qui est, sur bien des plans, très différente de celle qu'ils ont imaginée, ou connue en stage, ou qu'on leur a décrite à l'université.

Derrière la porte close de la salle de classe, on se retrouve seul, inquiet, parfois même craintif, mesurant en tout cas pleinement la distance qui sépare la théorie de la pratique...

Et puis il y a tous ces acteurs qu'il faut connaître et savoir apprivoiser, comme les parents qu'on devra rencontrer, sinon à la rentrée comme cela se fait au primaire, du moins à la remise du premier bulletin, un moment que plus d'un jeune enseignant redoute.

Ajoutez à cela la conviction que l'on n'a désormais plus droit à l'erreur, maintenant qu'on n'a plus ce filet protecteur que nous offraient l'université et l'enseignant avec lequel on a travaillé en stage, et vous aurez une idée de ce qui peut préoccuper les jeunes enseignants. Tout cela fait en sorte que certains d'entre eux en viennent même à choisir de ne pas avoir une pleine tâche.

Il y a, heureusement, des remèdes à cette insécurité et à l'angoisse qui peut l'accompagner.

Pour commencer, il faut se dire que ces sentiments sont normaux. Ils naissent le plus souvent de la haute idée qu'on se fait de la tâche qui nous est confiée, laquelle se conjugue à notre conscience de notre inexpérience et de notre méconnaissance des choses qui permettraient de l'accomplir correctement. Il faut prendre acte de cette réalité, et se donner le temps d'apprendre. Une chose surtout vous y aidera : vous souvenir des raisons pour lesquelles vous avez voulu devenir enseignant. Toutes ces paires d'yeux qui vous observent en classe sont la première de ces raisons.

Il faut donc admettre qu'il est normal que vous ne sachiez pas tout : vous commencez à peine dans un métier difficile et complexe – et qui l'est de plus en plus, comme nous le verrons.

Enfin, et surtout, et c'est une donnée cruciale, il faut savoir que vous n'êtes pas seul. Il y a autour de vous de nombreuses ressources qui peuvent, dans telle ou telle situation, vous apporter une aide précieuse. Des collègues, des membres de la direction, des orthopéda-gogues, des techniciens spécialisés. Trop souvent, la crainte de paraître incompétent fait que le jeune enseignant hésite à faire appel à ces ressources qui pourraient grandement lui faciliter la tâche.

Il a pourtant besoin de toute l'aide qu'on pourra lui procurer. C'est que le métier n'est pas seulement « perçu » par certaines personnes comme étant de plus en plus exigeant : il l'est bel et bien, et pour des raisons qui sont de mieux en mieux comprises.

Précarité, décrochage et désertion professionnelle

Depuis longtemps déjà, sans doute même depuis les années 1980, les données recueillies par de nombreuses instances ne laissent guère de doute sur la précarité croissante du métier.

En 2011, le MELS estimait le taux de précarité des enseignants, tous secteurs confondus, à 43 %. À la formation générale des jeunes, on en était à 40 % ; à la formation professionnelle, à 76 % ; et à formation générale des adultes, à

78 %[3]! En 2013, le chercheur Maurice Tardif avançait que plus d'un enseignant sur deux avait un statut précaire[4]! Selon des données recueillies en 2006, la moitié des enseignants aurait songé à quitter le métier à un moment[5].

Ce sont des données qui donnent le vertige et on devine sans mal ce qu'elles impliquent: l'atteinte de la permanence est désormais très longue, on demande de plus en plus de polyvalence aux enseignants, les tâches de suppléance se multiplient.

Les effets de la précarité

Avertissement: le métier que vous avez choisi comporte des risques élevés de précarité d'emploi!

Le parcours d'un jeune enseignant n'est jamais linéaire, et il y a belle lurette que l'enseignement n'est plus une option de carrière sûre, qui garantit un accès rapide à un poste permanent. En début de pratique, il faut vous attendre à des tâches partielles,

---

3. Maurice Tardif, «Enseigner aujourd'hui à l'école publique», conférence, Centre de recherche interuniversitaire sur la formation et la profession enseignante, 4 novembre 2013.

4. Maurice Tardif, *La condition enseignante au Québec du XIX* au XX* siècle. Une histoire cousue de fils rouges: précarité, injustice et déclin de l'école publique*, Québec, Presses de l'Université Laval, 2013.

5. Joséphine Mukamurera *et al.*, «Carrière et précarité en enseignement au fil du temps, vécu et représentations des enseignantes et des enseignants», présentation au 74e congrès de l'ACFAS, 2006.

à remplacer des gens au pied levé, à enseigner en même temps plusieurs matières, dont certaines pour lesquelles vous n'aurez jamais été formé!

Je suis spécialiste en histoire-géo, mais j'ai enseigné le théâtre et la morale. J'ai aussi enseigné le français, le cours d'éthique et culture religieuse et l'entreprenenriat. Et je ne vous parle même pas des contrats que j'ai refusés parce qu'ils étaient complètement loufoques!

Si vous cherchez votre voie, soyez à l'affût des discussions et décisions politiques qui amènent des changements aux programmes. Par exemple, l'intégration de l'enseignement intensif de l'anglais au primaire a permis à bien des jeunes enseignants de ce champ de se trouver un poste rapidement. Un étudiant averti en vaut deux!

À chaque mois d'août, malgré mes dix ans d'expérience, je me présente à la séance d'affectation en croisant les doigts. Derrière moi, sur la liste de priorité d'emploi, il y a une cinquantaine de jeunes dans une situation encore plus précaire que la mienne! Plusieurs d'entre eux n'auront tout simplement jamais la chance d'enseigner! Ils devront retourner sur les bancs d'école en se disant, comme Gibus dans la *Guerre des boutons*, «Si j'aurais su, j'aurais pas venu...»

Mélanie Gauthier

Faute d'avoir une classe à soi, un enseignant aura du mal à découvrir sa propre voix pédagogique, sa manière à lui de faire les choses. C'est pourtant là un apprentissage essentiel pour avoir du succès dans le métier.

Enfin, comment ne pas voir que tous les élèves, peu ou prou, souffrent de cette situation, et que parmi eux, ce sont ceux qui auraient le plus besoin de l'encadrement que procure un personnel enseignant stable, c'est-à-dire les élèves en difficulté, qui souffrent le plus?

Une autre conséquence prévisible de la précarité est le décrochage enseignant. Les estimations varient, mais le MELS a récemment estimé que 15 % des enseignants ayant commencé dans le métier en 1999 n'enseignaient plus cinq ans plus tard[6]. Une équipe dirigée par Thierry Karsenti a pour sa part avancé le chiffre de 25 % d'abandon, toujours pour les cinq premières années.

Le phénomène peut être difficile à quantifier avec précision, mais la réalité est indéniable, au point où le concept de « désertion professionnelle » est à présent couramment employé. Ce qu'il désigne serait reconnu comme un drame national si l'éducation avait, dans l'opinion et

---

6. Maurice Tardif, « Enseigner aujourd'hui à l'école publique ».

parmi nos décideurs, la place qui lui revient dans l'échelle des priorités collectives.

Tout cela a un coût humain considérable, bien entendu, sans parler du coût économique : tous ces gens qui renoncent à un métier qu'ils voulaient faire ont été formés à l'aide de fonds publics. Il arrive même qu'ils aillent finalement exercer ailleurs leur métier, ce qui laisse entendre que ce n'est pas tant l'enseignement que l'enseignement *au Québec* qu'ils délaissent. C'est ainsi que l'Ordre des enseignants de l'Ontario rapportait récemment que le nombre d'enseignants québécois dans la province était passé de 1 412 en 1998, à 2 901 en 2014, soit une hausse de 105 %[7]. Les exilés invoquent pour justifier ce choix des salaires et des conditions de travail plus attrayants.

Dans sa préface à *Jeunesse à l'abandon,* un livre d'August Aichhorn paru en 1925, Sigmund Freud parle d'une « boutade à propos des trois professions impossibles – à savoir éduquer, soigner, gouverner ». Le mot de Freud à propos de trois activités à très forte charge normative est bien connu dans le monde de l'éducation où, de tout temps peut-être, mais de manière particulièrement vive aujourd'hui, découragement,

---

7. Daphnée Dion-Viens, « 2 900 profs formés au Québec exilés en Ontario », *Le Journal de Montréal,* 22 mars 2016.

désillusion, souffrance, impuissance, assaillent bien des enseignants...

Qu'est-ce qui peut bien causer ces sentiments aujourd'hui ? La question mérite qu'on s'y arrête. Quiconque envisage une carrière d'enseignant devrait lire ce qui suit avec la plus grande attention...

Les causes nombreuses du spleen de l'enseignant

Les travaux de Maurice Tardif et de quelques autres chercheurs ont, je pense, correctement cerné les principales causes de la désertion professionnelle. Je m'inspirerai donc de leurs observations, mais en prenant à mon seul compte l'interprétation que j'en donne.

Le métier est d'abord devenu difficile en raison de l'accroissement du nombre de tâches demandées aux enseignants, et de leur complexification.

L'école est une institution où, c'est inévitable, un certain nombre d'états de fait qui caractérisent la société dans son ensemble se transposent. Mais elle ne se contente pas de les recevoir passivement : lieu d'éducation, elle a la mission de traduire dans son fonctionnement ces états de fait selon des directions déterminées par des décisions politiques et éducationnelles qui sont bien souvent contestées et débattues. Il en résulte des situations complexes, et souvent inédites. Il en résulte aussi, pour les enseignants, une charge de travail plus lourde.

Deux exemples aideront à saisir ce que je veux dire.

Nous vivons, comme chacun sait, dans une société pluraliste, tout comme le sont, par définition, nos écoles. Diverses politiques sont possibles face à cette situation. Des débats ont eu lieu à ce propos, dont les termes sont notamment des concepts comme : le libéralisme, le communautarisme, le multiculturalisme, l'interculturalisme et quelques autres encore.

Convenons, sans entrer dans ses détails, qu'un certain consensus a émergé au Québec sur tout cela, et entre autres sur l'accueil des immigrants. L'école entre dans cette équation à un point particulièrement sensible : pour elle, qui doit mettre en actes ce consensus, le faire exister, lui donner corps, des questions de tous ordres se posent, qu'elle ne peut éluder. Cela va de choses simples et concrètes (la composition des menus à la cafétéria, les horaires ou certains aspects du calendrier, par exemple), à des questions plus ou moins délicates relatives à d'autres accommodements à faire, ou pas, sur de très nombreux plans.

Tout cela s'exprime aussi dans la salle de classe, où l'enseignant doit composer avec ces réalités dans le souci de justice et d'équité qui doit l'animer tout comme il doit animer l'institution. On me croira sur parole, je pense, si je dis que cela est souvent complexe et lourd. D'autant plus que la préparation offerte aux futurs maîtres pour accomplir ces tâches n'est pas toujours jugée adéquate par eux.

Le même raisonnement vaut pour l'accueil en classe régulière d'enfants ayant des troubles de comportement ou d'apprentissage, ou qui sont dits à risque.

Cette fois encore, il s'agit d'un idéal affirmant un consensus social (même s'il est lui aussi contesté, au moins sur certains plans). Mais ceux qui doivent le traduire au jour le jour, ce sont les enseignants dans leurs classes, pour qui c'est une tâche souvent ardue pour laquelle la préparation qu'ils ont reçue semble à beaucoup inadéquate. Comment en douter, quand les spécialistes eux-mêmes trouvent parfois cette responsabilité très lourde?

L'adaptation scolaire

Je suis entrée dans l'enseignement par la porte d'une école spécialisée en troubles du comportement (TC) au secondaire. J'y suis restée près de dix ans.

J'ai vu passer des enfants et des ados avec des TDAH lourds, des enfants abusés, négligés, des cas de DPJ, des cas de psychopathologie, des consommateurs de différentes drogues, des enfants de toxicomanes, des jeunes de gangs de rue, un futur meurtrier, de trop jeunes mères aussi... Bref, des enfants qu'on dit en grande difficulté...

Ces élèves nous confrontent dans nos valeurs les plus profondes, ils viennent nous chercher, nous déstabilisent parfois complètement, nous poussent, aussi, à dépasser nos limites, mais surtout à les définir et à les reconnaître. La passion de l'enseignement, l'authenticité, le sens de la justice, la cohérence, l'humour, l'écoute et le lien de confiance qui se développe avec ces élèves sont autant de conditions de la pédagogie ou de toute tentative de rééducation.

Le *lien*... On te parlera du lien. Il est primordial avec les élèves en difficulté (et avec tous les autres, soit dit en passant). Il est certain qu'on ne peut pas tous les accrocher. Chose certaine, il faut s'efforcer d'être un modèle d'ouverture, y mettre tout son cœur, avoir une approche et une vision globales de l'enfant pour mieux intervenir.

L'introspection, l'humilité, le travail d'équipe et la capacité de se remettre en question sont les qualités essentielles de l'enseignant, peu importe son domaine, mais certainement en adaptation scolaire. Je me suis questionnée, j'ai pleuré, j'ai trouvé ça très dur parfois, dans mon école TC, mais j'ai appris, j'ai grandi, je me suis construite et solidifiée comme prof, et comme être humain.

J'en ai vu de toutes les couleurs, c'est vrai. Voici quelques souvenirs marquants :

J'ai passé une journée à l'hôpital Sainte-Justine avec une élève que j'aimais beaucoup, (elle était abusée et suicidaire). L'entendre raconter son histoire quatre fois aux intervenants, ça m'a donné froid dans le dos, je l'aurais bercée...

J'ai serré une jeune en crise dans mes bras pour l'empêcher de se cogner la tête sur le mur et j'ai réussi à la calmer. Ça draine l'énergie, mais, ce coup-là, c'est moi qui l'ai empêchée de se faire mal.

J'ai vu des jeunes de vrais gangs de rue, des gars de 15 ans qui jouent sérieusement du couteau... des filles aussi.

Je suis intervenue comme j'ai pu, avec sept de mes collègues femmes, quand a éclaté une bataille interraciale aux casiers... ouf !

J'ai témoigné dans des cas DPJ, j'ai fait des visites en centre jeunesse, je me suis fait crever un pneu, lancer un pupitre à la tête, j'ai été manipulée par des enfants souffrants... Ces « extras » peuvent faire partie de la job...

Mais dans mon rôle de prof, de pédagogue, d'intervenante, j'ai vécu des moments extraordinaires, des moments chargés d'émotion et d'espoir. Je sais que j'ai aidé, soutenu, participé au bon développement de plusieurs de mes élèves. Ils me le disent souvent, et ce sentiment d'avoir fait une différence, même des années plus tard, est drôlement gratifiant. C'est ça, la vraie paye ! On ne peut pas les sauver tout seul, mais on peut leur lancer des bouées de sauvetage auxquelles ils s'accrocheront. Le résultat concret viendra peut-être beaucoup plus tard dans leur vie.

Carole Arseneau

On retrouvera le même raisonnement et la même conclusion si l'on parle des politiques de persistance scolaire et de lutte contre le décrochage ou encore des inégalités économiques et sociales dramatiques qui existent aux portes de l'école.

Tout cela est bien entendu encore aggravé par la précarité et le recours massif aux suppléants, qui font parfois que des personnes sont appelées à enseigner une matière pour laquelle elles ne sont que peu, voire en certains cas nullement, formées.

Un dernier élément doit être souligné. Sur le terrain, les enquêtes ne laissent aucun doute : on constate une spectaculaire perte de confiance envers les experts et les décideurs, au ministère et dans les universités. Les réformes successives de l'éducation ont sans doute agi comme un catalyseur de ce déficit. Voici ce que rapporte Maurice Tardif : « Seulement 27 % [des enseignants] estiment que ces [réformes] ont eu des effets positifs sur l'efficacité du système scolaire en général, sur la reconnaissance sociale de la mission de l'école (28 %) et sur la qualité du travail des enseignants (32 %). Enfin, à peine le quart des enseignants croit qu'elles ont eu et auront un effet positif sur l'apprentissage des élèves, ce qui est pourtant la finalité ultime de toutes ces réformes et politiques[8] ! »

Cette perte de confiance se double d'une indécision collective caractéristique de notre époque quant à ce que devrait être l'éducation. Ces enjeux jouent beaucoup dans la crise que traverse la profession, ainsi que son attrait moindre, et dépassent à mon sens largement des questions comme le salaire ou les conditions de travail – sans nier pour autant l'importance de celles-ci.

Je serais malhonnête si, pour finir, je ne soulevais pas une question délicate et qui me taraboste dans tout ce dossier. La voici. Dans les études sur le décrochage et le malaise des enseignants, on évoque trop rarement la possibilité que la formation qu'ils ont reçue soit l'une des causes des hauts taux d'abandon du

---

8. Maurice Tardif, *op. cit.*

métier. Quand on le fait, c'est pour dire aussitôt que ce facteur ne joue qu'un rôle infime. Ça me semble improbable, et je ne peux m'empêcher de penser que les chercheurs en éducation pourraient avoir tendance à évacuer une explication qui mettrait en cause leur propre capacité à bien former ceux-là même qu'ils étudient ! Il est à tout le moins singulier que des institutions de formation s'évaluent si peu elles-mêmes, et soient à ce point réfractaires à la critique.

Les légendes pédagogiques transmises dans les facultés d'éducation, la pauvreté conceptuelle de certains des changements et réformes qui ont été implantés, et souvent imposés, n'ont rien pour atténuer mon scepticisme.

Mais au moment de clore cette section sur des réalités très dures, mais que je ne pouvais vous cacher, je m'en voudrais de ne pas souligner ce qui fait la beauté de ce métier et qui explique que tant de gens lui restent attachés, n'en changeraient jamais et le désignent volontiers comme le plus beau du monde.

Voici trois témoignages à ce sujet, et vous en entendrez souvent de semblables. Je vous souhaite de connaître de tels moments, de telles émotions, et je suis persuadé que cela vous arrivera : nous en avons tous connu.

Le moment magique

Mon métier n'est pas toujours facile. Il est rempli de contraintes de temps, d'argent, de programmes, etc. Il y a des jours où je me surprends à me demander pourquoi j'ai choisi cette voie. Mais, au détour d'une folle journée passée à répondre aux impératifs de tous, je me retrouve en classe, la porte fermée, avec mes 28, 32 ou 35 élèves et, miracle, le moment magique survient!

Je ne l'ai pas vu venir. Je donne la leçon prévue, j'essaie d'être la plus intéressante possible... *Business as usual*. Et puis soudain, ça clique! Les élèves sont pendus à mes lèvres. Pas un seul qui dorme sur le coin de son bureau ou qui tente de texter sous la table. Il n'y a pas un son, tous les yeux sont rivés sur moi. On a ensuite une période d'échanges constructifs, dans le respect et la curiosité intellectuelle. C'est un moment de grâce, presque une communion!

J'ai vécu ça à plusieurs reprises, Dieu merci! Mais je me souviens encore de la première fois. C'était un 6 septembre, et je racontais à mes élèves qu'à cette même date, en 1522, l'expédition de Magellan rentrait en Europe après avoir fait le premier tour du monde de l'histoire. Les élèves étaient fascinés, ils posaient des questions, ils en redemandaient! J'avais dépassé le temps prévu pour raconter cette anecdote, mais qu'importe! Ce moment magique, il faut le prendre quand il passe: il justifie tous les sacrifices...

Mélanie Gauthier

Le meilleur est possible !

Malgré ce qu'on peut dire sur la précarité des premières années, enseigner dans de bonnes conditions, c'est possible. J'ai eu la chance d'obtenir rapidement une permanence dans la matière qui me passionne. J'ai une grande classe bien aménagée et des élèves formidables dans une école publique où le corps enseignant forme une très belle équipe, épaulée par une direction motivée et motivante. Une part de ce scénario est une affaire de hasard, je l'ai dit, mais vous pouvez aider la chance. Vous avez une passion extra-scolaire ? Faites-en une activité-midi reconnue. Vous êtes spécialiste d'une matière ? Suggérez à la direction de créer un cours à option. Vous êtes engagé dans des projets communautaires ? Invitez les jeunes à y participer. Vous avez des facilités, un intérêt pour les technologies ou les réseaux sociaux ? Formez un comité, partagez vos bons coups. Bref, ne perdez pas espoir car le monde de l'éducation a besoin de gens passionnés. Foncez, cherchez, créez les conditions de votre épanouissement : plus vous serez heureux dans votre travail, plus il sera facile de transmettre efficacement vos connaissances à vos élèves.

Alexandre Chenette

Le pupitre vide

Quand je suis entré ce lundi matin-là dans ma classe, j'avais peur de la réaction des élèves doués dont j'étais l'enseignant de français et le tuteur chaque jour de la semaine. Le samedi précédent, un de leurs condisciples était mort dans un triste accident qui avait fait la une des journaux. Je le revoyais, assis au pupitre qu'il avait occupé, je ne réalisais pas encore son décès.

J'étais arrivé une heure avant le début des cours pour me mettre à la disposition de la direction de mon école, mais l'équipe était en comité de crise. Dix minutes avant d'entrer en classe, je ne savais toujours pas ce qu'on attendait de moi. J'ai finalement compris que je serais une sorte de figurant, pendant que les dirigeants de l'école et une équipe de psychologues s'occuperaient d'accueillir les élèves et de leur parler.

Mais voilà: après quinze minutes où divers intervenants, empreints d'une sollicitude sincère, tentaient de susciter un dialogue, mes élèves restaient toujours silencieux. Un psychologue, un peu inquiet, leur demanda: «De quoi avez-vous besoin?» Je revois mon grand frisé de Marc-Antoine lui répondre: «Que vous nous laissiez seuls, ensemble.» Le cours le plus long et le plus difficile de ma vie venait de commencer. Je ne savais pas quoi dire; les mots me semblaient vains et dangereux. Aussi, j'ai décidé de suivre mon cœur et j'ai laissé couler mes larmes.

> Ce groupe a été l'un des plus beaux et des plus unis que j'ai connus. Ce jour-là, il fut entre autres décidé que la place de notre ami demeurerait inoccupée pour toute l'année. Son sourire est encore présent dans nos cœurs à tous.
>
> Luc Papineau

Petit vade-mecum de l'enseignant

Je voudrais clore ce chapitre en vous faisant profiter de l'expérience collective de toutes les personnes qui ont participé à ce livre. Un vade-mecum, comme nous l'apprend notre bon vieux Larousse, est un guide, un manuel, que l'on garde sur soi pour le consulter. J'ai réuni ici quelques conseils pratiques, suggestions et mises en garde glanés au fil des ans par mon équipe de rêve et moi-même. Je vous les présente en *staccato*.

Bien choisir son université

Si vous en êtes au tout début de votre parcours et vous apprêtez à commencer votre formation universitaire, vous devez savoir que les formations des maîtres offertes par les universités du Québec diffèrent entre elles, parfois considérablement et sur de nombreux plans.

Choisir votre université avec soin, notamment en vous renseignant auprès de personnes récemment diplômées sur ce qui caractérise les programmes de celles qui vous semblent intéressantes, est une démarche que vous ne regretterez certainement pas d'avoir pris le temps de faire.

Les stages

Les stages sont un moment clé de la formation des futurs enseignants. Or, encore ici, selon presque tous les critères imaginables, les stages diffèrent profondément entre eux. Dans la mesure du possible, magasinez donc les vôtres soigneusement, en portant une attention toute particulière au choix de votre enseignant associé. Il faut alors avoir à l'esprit un vilain petit secret : certains enseignants (pas tous, loin de là) espèrent se la couler douce en recevant un stagiaire. Soyez d'autant plus attentif à votre sélection que les stages seront pour vous l'occasion de vous faire des contacts, lesquels pourront se révéler précieux dans la suite de votre cheminement vers, et dans, l'enseignement.

Pour beaucoup de gens, l'expérience des premier stages est un moment un peu angoissant de découverte de la distance entre théorie apprise à l'université et pratique en classe. C'est vrai, et c'est bien : les stages sont une occasion précoce, et supervisée, de sortir de sa zone de confort pour découvrir des moyens de combler cette distance. Profitez-en, tout en sachant qu'entre vos stages et votre première « vraie classe », un écart va aussi apparaître, notamment parce que la planification annuelle est une étape à laquelle un stage ne saurait vraiment vous préparer.

Finalement, sachez qu'aucun des stages, y compris le long stage 4, n'est rémunéré et que l'expérience qu'on y acquiert n'est pas comptabilisée formellement.

L'entrée dans le métier

Les conditions de travail dépendent en partie de la commission scolaire, puisque s'il y a une convention nationale de travail pour les enseignants, il y a aussi des conventions locales, par commission, qui régissent une partie de votre travail. Des choses aussi importantes que la liste d'affectation, les changements de champs, certains congés, les listes de rappel et d'engagement, la répartition des tâches, et les modalités de votre participation aux décisions en dépendent au moins en partie. Vous avez, encore ici, tout intérêt à vous informer de ces choses, sachant aussi que les commissions scolaires diffèrent

aussi passablement en termes de milieu socioé-
conomique et de composition démographique.
Comme vous le savez déjà, tout cela influera sur
cette précarité qui, hélas, guette tous les jeunes
enseignants. « Qui prend commission prend
pays » pourrait être un proverbe en éducation !

Le poste, l'école, la commission

Qu'elle soit privée ou publique, il est peu probable
que tu obtiennes dès le départ un poste régulier
à temps plein dans ton école. Il faut donc te renseigner sur l'avenir du poste que tu occuperas. Si
c'est un remplacement, avec une date d'entrée et
une date de sortie, il n'y a généralement pas grand-
chose à faire. Mais si tu ne remplaces personne,
que le poste soit à temps plein ou à temps partiel,
il faut examiner les perspectives à moyen et à long
terme, en tenant compte des prévisions démogra-
phiques, de la taille du milieu, du projet éducatif
et des retraites à venir dans le corps enseignant.
C'est en connaissant tout cela que tu prendras les
décisions qui s'imposent. Tu pourrais, par exemple,
te former dans une seconde matière si c'est possible et utile, ou proposer à la direction de mettre
certains de tes talents en valeur, afin de créer une
partie de ton emploi, etc. Quoi qu'il en soit, il faut
que tu montres aux décideurs de ton école que tu
t'intéresses au milieu.

Peu importe la qualité des relations entre une commission scolaire (si cela s'applique) et tes représentants, tu devrais rencontrer les responsables syndicaux locaux afin de connaître les modalités d'accès à un poste régulier. Ils pourront te donner des conseils sur ta carrière, sur le meilleur endroit où aller sur le territoire, etc. D'expérience, je sais que les syndicats sont ouverts à donner toute l'information qu'ils possèdent. Informe-toi également des retraites qui se profilent dans ton champ d'enseignement et ta discipline.

Du côté de la commission scolaire, les services dans ce domaine sont à géométrie très variable ; informe-toi auprès de tes collègues, ils pourront te guider. Une rencontre avec le service des ressources humaines peut également être très utile.

Carl Tremblay

Il est important d'être au fait d'un principe bureaucratique lourd d'implications. L'*expérience* désigne le nombre d'années d'enseignement que vous aurez cumulées ; l'*ancienneté*, elle, est le nombre d'années durant lesquelles vous avez enseigné dans une même commission scolaire. En changeant de commission, on garde son expérience, mais on perd son ancienneté. Raison de plus pour choisir avec soin...

Carl Tremblay tenait par ailleurs à vous donner encore quelques astuces pour la recherche d'emploi.

Premiers pas

À ceux qui cherchent à obtenir leurs premiers contrats, je donnerais les conseils suivants :

Faites le tour des écoles de la commission scolaire à la fin d'une année scolaire, et au début de la suivante, quand les contrats ou l'embauche se font. Laissez des cartes de visite et votre CV au directeur et à la secrétaire de l'établissement. Dans les faits, c'est souvent cette dernière qui appelle les suppléants. Il faut rassurer tout ce monde sur vos capacités de gestion de classe et votre disponibilité.

Il ne faut pas hésiter à sortir des grands centres. Les petites écoles éloignées sont souvent d'excellentes portes d'entrée.

Ne négligez pas les commissions scolaires elles-mêmes, car elles donnent des contrats. Lorsqu'un élève doit être éduqué à la maison, par exemple, ou pour faire de la formation en entreprise.

Les conditions d'exercice sont les mêmes partout au Québec. Par contre, la précarité est très irrégulièrement distribuée sur le territoire. Deux variables déterminent la rapidité avec laquelle on peut accéder à un poste. La première, c'est la démographie ; la seconde, c'est la convention collective locale. Au moment d'écrire ces lignes, les régions qui connaissent la plus forte croissance démographique sont la région urbaine de l'Outaouais, Vaudreuil-Dorion et les municipalités au nord de la ville de Laval[9]... En passant, un déménagement est déductible d'impôt s'il vous rapproche à moins de quarante de kilomètres de votre lieu de travail.

Finalement, en faisant reconnaître toute son expérience en enseignement, on gravit les échelons salariaux plus rapidement. Le syndicat peut vous renseigner sur la nature de l'expérience qui peut être reconnue.

Carl Tremblay

Les directions et les équipes-écoles

Sachez d'abord qu'il y aura des réunions, et sans doute beaucoup de réunions. Une suggestion, pour y assister avec profit : concoctez-vous un petit lexique du vocabulaire des gestionnaires et des autres acteurs d'établissement : reddition de comptes, plan stratégique, orientations, politiques, plan de réussite, etc. C'est ainsi que vous pourrez saisir les enjeux discutés sans être noyé dans le jargon.

---

9. En ce moment, le primaire connaît une hausse du nombre d'élèves ; logiquement, le secondaire en connaîtra bientôt une à son tour. Mais pour profiter du phénomène, il faut prendre en compte non seulement la durée de la formation à acquérir, mais aussi le nombre d'enseignants qui sont actuellement sur les listes de rappel. N.B.

Je m'efface pour donner à présent la parole à Rahouadja Zarzi, Marie-Odile Villemur et Lorenzo Benavente.

La passion partagée

Ton syndicat te dira sûrement qu'un patron reste un patron, et que tu ne devrais jamais te fier à lui. À mon avis, il aura tort, car tu trouveras souvent parmi tes supérieurs des personnes en or, qui se sentent investies du même mandat que toi : aider de leur mieux les enfants qui leur sont confiés. Nous ne formatons pas des ordinateurs, nous éveillons des consciences, nous formons de futurs citoyens. De même, nous ne travaillons pas avec des machines mais avec des êtres humains, qui ont chacun leur personnalité.

J'ai connu deux directions franchement mauvaises – pas avec moi, va savoir pourquoi. L'une humiliait systématiquement les jeunes enseignants, l'autre dilapidait les ressources financières de l'établissement. Mais j'ai aussi connu des personnalités solaires : humaines, chaleureuses, capables d'écouter le personnel et de l'épauler lors des difficultés. Maryse et Marie-Josée sont à mes yeux l'incarnation du dévouement, et elles étaient sûrement d'excellentes enseignantes avant d'occuper un poste de directrice. De même, tu verras sans doute des conseillers pédagogiques blasés, sbires d'une direction machiavélique, mais tu rencontreras aussi des personnes-ressources créatives et passionnées.

Comme Christine, qui vient chaque année dans ma classe pour mettre en place des projets enrichissants dans le cadre de la politique des élèves doués de notre commission scolaire.

Toi aussi, avec un peu de chance, tu pourras confier tes projets, ta vision de l'école à ta direction. Prends ta place, aie confiance en toi, exprime tes bonnes idées tout en écoutant les autres et on te respectera. Tu pourras ainsi faire la différence pour tes élèves, tes collègues, ton école. On a dit qu'enseigner, ce n'est pas remplir un vase, mais allumer un feu...

Rahouadja Zarzi

Se serrer les coudes

Les bonnes relations que l'on entretient avec notre équipe peuvent parfois nous sortir du pétrin! J'en tiens pour preuve l'expérience que j'ai vécue avec un élève au cours de ma troisième année à l'école qui m'emploie.

À la fin du mois de juin, on m'annonce qu'en septembre, un élève atteint du syndrome de Gilles de la Tourette sera admis en classe, et que je recevrai une courte formation à ce sujet dès les premières journées pédagogiques de la rentrée. Même les meilleures formations ne sont pas toujours garantes de succès: chaque élève réagit différemment.

Voilà donc le début de l'année qui arrive. Je fais connaissance avec Francis (prénom fictif). Il a plusieurs tics, mais c'est un gentil garçon, alors je me dis que je n'ai pas trop m'en faire. C'était un peu optimiste.

Un matin, exaspérée par une routine interminable qu'il a avec un ami imaginaire (il fait une chorégraphie avec ses crayons tout en leur parlant), je décide de l'envoyer «faire une commission». Je glisse un petit papier dans une enveloppe et lui demande d'aller la porter à madame la secrétaire. Sur le bout de papier, j'ai écrit : «S'il te plaît, rends-moi service et accueille Francis quelques minutes, je crois qu'il a besoin de se changer les idées... et moi aussi. Parle-lui un peu.»

Francis est revenu de ces sorties avec une allure... plus détendue. Inutile de vous dire qu'il m'a rendu service ainsi à quelques reprises (et pas toujours avec la secrétaire). J'avais réussi à dédramatiser une situation qui me semblait au départ insoluble.

Marie-Odile Villemur

Sauvé par l'équipe !

Au début de ma première année d'enseignement, j'ai connu une certaine inquiétude. Je ne savais pas toujours vers qui me tourner pour des questions de pédagogie, d'évaluation, de gestion de classe, etc. Ce qui m'a en quelque sorte sauvé, c'est la présence d'une équipe-école forte. J'avais tendance, dans les premières semaines, à rester dans ma classe et à ne pas confier à d'autres les difficultés que j'éprouvais avec certains élèves. J'avais peur de ne pas paraître qualifié, de sembler désorganisé. Ce n'est que lorsque j'ai osé aller parler à la technicienne en éducation spécialisée (TES) que j'ai compris que je n'étais pas seul. En deux jours, mon problème avec un jeune était réglé. La TES vient maintenant souvent me donner des trucs, et nous échangeons sur le comportement de certains élèves. Plus tard, j'ai discuté avec l'orthopédagogue des défis auxquels faisaient face un certain nombre d'élèves. Elle aussi m'a bien conseillé ; sans qu'elle connaisse nécessairement les élèves concernés, ses stratégies m'ont permis de comprendre comment sortir de moments parfois éprouvants. C'est rassurant et, surtout, mes journées sont moins lourdes. Comprendre que nous faisons partie d'une équipe, c'est essentiel.

Lorenzo Benavente

Beaucoup de gens pourraient témoigner de ce qui arrive à l'enseignant et à ses élèves quand la direction refuse de leur apporter cette aide pourtant essentielle, comme l'ont expliqué si justement mes collaborateurs. C'est une réalité que plusieurs ont vécue : ces manquements et ce refus de soutien de la part d'une direction, qu'ils soient systématiques (abus de pouvoir) ou ponctuels (problèmes de communication, divergence d'opinion sur l'urgence d'une situation, conflit avec des intérêts autres que pédagogiques, etc.). Peu importe la raison, et parfois elle est loin d'être simple, les conséquences sont malheureuses pour l'enseignant et ses élèves. Le recours à votre syndicat sera souvent, en pareil cas, une mesure indispensable.

L'idéal

Le défi qui se présente à tout enseignant est de tirer les leçons de ses erreurs — et de celles des dirigeants du ministère — tout en restant une figure d'autorité à ses propres yeux. Le relever en vaut la peine, car cela permet d'accroître la satisfaction de notre besoin légitime d'accomplissement. Le questionnement demeure donc notre meilleur allié.

Or, à cause du rythme actuel de notre métier, il est tentant de souscrire d'emblée aux justifications (administratives, pseudo-pédagogiques, etc.) des attitudes et des décisions qu'on nous impose, tout comme il est tentant de considérer les modèles théoriques et les plans d'action comme des panacées. Pourtant, ces décisions et les fondements sur lesquels elles reposent nous affectent, même si nous les ignorons... Vous informer devrait donc être votre premier réflexe pour savoir *comment* et *pourquoi* vous agissez à titre d'enseignant.

Ainsi, quand vous ressentez un malaise, accordez-lui toute votre attention ! Discutez avec vos collègues. Interrogez les gens qui ont une vision claire de leurs aspirations. Lisez, discutez, puis lisez encore ! Vous éviterez ainsi de vous retrouver seul, au carrefour des influences des pouvoirs publics et des intérêts qui n'ont rien à voir avec l'éducation. Vous découvrirez ainsi que leur « convergence » n'est qu'une illusion soigneusement entretenue. Il faut donc chercher votre propre voie pour construire votre idéal humaniste.

Si, malgré cela, vous vous sentez en inadéquation, ne demandez pas à tous vos supérieurs hiérarchiques de vous rendre la bienveillance dont vous faites preuve en classe... Tournez-vous vers les amoureux de la vérité qui analyseront vos idées avec vous, sans vous juger. Vous créerez ainsi, dans ce monde imparfait, l'harmonie entre vos idées, vos actions et vos sentiments... Et, conséquemment, vous ne cesserez jamais d'apprendre.

Lyne Tardif

Les parents

Les rapports avec les parents, ou du moins avec certains d'entre eux (les fameux « parents-hélicoptères », par exemple...), peuvent être une source de soucis, voire en certains cas extrêmes, de graves problèmes.

Des enseignants m'ont rapporté avoir recours dans leurs communications avec les parents d'élèves à ce qu'ils appellent la « Méthode sandwich » : on commence par un compliment, typiquement sur l'enfant ou sur le lien qui l'unit aux parents ; on indique ensuite posément ce qui ne va pas ; et on termine sur une note très positive.

Voici encore quelques conseils, valables dans tous les cas de figure. D'abord, on ne devrait pas prendre de communication de parents la fin de semaine ou le vendredi soir – libre à vous d'en accepter les autres soirs, mais il faut que les consignes soient claires et précisées.

Il est aussi recommandé de limiter les échanges à des sujets importants. Il faudrait sinon éliminer, du moins restreindre autant que possible les interventions spontanées et réactionnelles des parents, par exemple en demandant que l'on communique avec vous sur papier ou dans le cadre d'un rendez-vous téléphonique (et pas par courriel).

Enfin, et ceci mériterait d'être souligné d'un trait rouge, conservez précieusement une trace de tous vos échanges avec les parents. Cela pourrait un jour vous être salutaire...

Sur les parents

Les parents sont les premiers alliés de l'éducation des enfants avec lesquels nous travaillons. Lors des rencontres ou appels téléphoniques avec eux, le but premier, pour toi comme pour eux, doit être le bien de leur enfant.

Tu dois te concentrer sur ton rôle et celui de l'élève. Ne porte pas de jugement sur les valeurs ou les choix d'éducation des parents. Les conseils ou les leçons pour devenir meilleur parent sont à proscrire. Nous sommes des professionnels de l'enseignement, pas des experts du rôle et des enjeux d'être parent dans une multitude de contextes socio-économiques et culturels.

Il faut toujours dire, voire commencer par, ce qui est positif chez l'enfant ou l'ado. En théorie, les parents aiment leur enfant plus que tout: c'est le plus beau, le plus fin. En pratique, c'est parfois aussi l'« enfant terrible » qui subit ou extériorise un environnement familial dysfonctionnel. La délicatesse est absolument cruciale.

Il faut rester concentré sur les faits, le rendement scolaire (documents à l'appui) ou le comportement, et les améliorations à y apporter, toujours en restant aussi positif que possible.

Sois à l'écoute, et fais preuve d'empathie. La confiance des parents en tes capacités de prof et ton professionnalisme est primordiale.

> Il peut arriver des cas difficiles. J'ai eu une élève qui recevait ou non « la strappe » le soir de la rencontre de parents. Peux-tu imaginer ?
>
> Ne te laisse jamais crier après ou manquer de respect. Reste calme et professionnel, mais ferme. N'embarque jamais dans une escalade verbale. Si la situation est clairement problématique, parles-en sans hésiter à la direction. Elle est là pour ça.
>
> Carole Arseneau

Le droit d'auteur

Après ces considérations si centrales, la question de la propriété intellectuelle peut sembler triviale. Elle ne l'est pas. On ne le dit pas assez aux futurs maîtres (ou même à ceux qui sont en exercice) : il faut faire preuve de prudence et toujours s'assurer que c'est en toute légalité qu'on utilise des œuvres en classe. Les conditions du respect du droit d'auteur dans les multiples cas de figure possibles sont un sujet trop complexe pour être abordé ici dans le détail. Mais au sein de votre école, on devrait être en mesure de vous renseigner sur la marche à suivre.

Facebook et compagnie

Vous le savez sans doute, mais on ne le dira jamais assez : Facebook (ou Tweeter…) n'est pas un espace privé, et ce que vous y publiez, ce que vous y montrez, ce que vous y dites, à moins d'avoir créé un groupe secret aux abonnées soigneusement sélectionnées, tout cela est public.

En passant par l'ami d'un ami d'un ami, on fait le tour du monde numérique. Les élèves et leurs parents ont donc potentiellement accès à tout ce que vous affichez en ligne – et certains fouillent, épient, surveillent. Il faut donc faire très attention. Pensez à ce que vous dévoilez de vous, aux informations personnelles que vous décidez de partager, par exemple, sur votre état de santé. Demandez-vous si elles devraient être accessibles à la direction de l'école, aux élèves, à leurs parents. Dans le doute, abstenez-vous.

3

Le dur désir de durer

Vous avez choisi ce métier en connaissance de cause, vous avez étudié pour vous y préparer, vous avez fait votre place, et vous le pratiquez aujourd'hui avec bonheur et fierté. Voilà le scénario idéal, et il est fréquent, heureusement.

Vous avez aussi, à présent – le dira-t-on jamais assez ? –, des devoirs considérables, non seulement envers vos élèves, mais aussi, à travers eux, envers la collectivité tout entière, étant donné la forte charge politique et normative qui caractérise votre métier, votre vocation. C'est de ces responsabilités, que j'appellerai des « devoirs de vigilance », que je voudrais d'abord vous entretenir.

Je souhaite de tout cœur que tout aille bien pour vous, que vous soyez, votre carrière durant, un de ces innombrables enseignants heureux et épanouis. Mais vous traverserez sans doute des moments difficiles, et c'est de ces coups durs que je voudrais ensuite vous parler, et surtout, des moyens de les affronter. Par commodité, j'en distinguerai deux types.

D'abord, il y a ces coups durs qui sont, pour la plupart d'entre nous, inévitables, mais qui sont aussi contingents, transitoires, et dans lesquels il ne faut pas nécessairement chercher à lire plus que ce qui s'y trouve. Pensez par exemple à ces groupes avec lesquels « ça ne fonctionne pas ». Et puis, au-delà de ces difficultés ordinaires, il y a ces cas plus graves, et parfois même ces drames, auxquels les enseignants plus malchanceux feront face un jour.

Il est possible que, pour des raisons de cet ordre – ou d'un autre ordre –, vous décidiez de quitter l'enseignement. Si c'est pour entreprendre une carrière dans un domaine complètement distinct, je n'aurai évidemment rien de particulier à vous dire ici, sauf bonne chance ! Mais il arrive aussi que des maîtres souhaitent ne plus enseigner – au sens usuel du terme, dans une école –, mais désirent tout de même rester dans le monde de l'éducation et ses alentours. J'aurai alors quelques pistes à vous proposer.

Je m'en serais voulu de terminer sur cette note un livre qui se veut un éloge de l'enseignement. Pour le clore, j'ai plutôt choisi d'inviter un bon ami à moi, homme d'une autre époque, ainsi que celle qui, enseignante un peu malgré elle, a changé sa vie – et l'histoire avec elle.

Une formation continue

Avoir été formé à l'université est impératif pour enseigner au Québec. Mais je dois aussitôt ajouter, en insistant, que c'est insuffisant. Il est, dans l'absolu, du devoir de tout éducateur de continuer à se former durant toute sa carrière. De plus, la société, l'économie, les communautés changent... et, à tort ou à raison, ces facteurs et bien d'autres sont invoqués pour demander ou imposer des modifications au curriculum, aux méthodes pédagogiques, aux structures et *tutti quanti*.

Cette formation continue de l'enseignant se fait en partie sur le tas, en discutant avec des collègues et d'autres intervenants et en échangeant avec eux des savoirs d'expérience. Elle se fait aussi par des lectures, des cours, des colloques et des conférences et dans le cadre de formations. Parmi ces dernières, certaines sont offertes par des écoles ou des commissions scolaires qui, parfois, font appel à des organismes privés.

Durant votre carrière, vous serez donc placé face à une exigence de formation, et mis devant une offre de perfectionnement. Cette offre sera bien entendu de qualité variable... ce qui m'amène à évoquer une triste réalité. Il est du devoir des institutions – avant tout des universités et du ministère, mais aussi des commissions scolaires et des écoles – de s'assurer de la qualité de toutes les formations offertes aux enseignants. Mais il arrive, hélas, que la qualité ne soit pas au rendez-vous, au point où de véritables charlataneries, le plus souvent à visées commerciales, parviennent jusqu'aux écoles où elle causent parfois de réels dommages.

Vous avez donc, chers enseignants, à vous acquitter d'un devoir de vigilance en portant un regard critique sur tout ce qui vous sera proposé. J'en veux pour preuve le cas, assez pathétique, d'un programme de formation offert à beaucoup d'enseignants au Québec : le Brain Gym – ce qu'on pourrait traduire par « gymnase cérébral ».

C'est une marque déposée. L'entreprise qui la détient, née aux États-Unis au début des années 1970, serait présente dans plus de 80 pays. Les ouvrages et brochures qui en vantent les mérites auraient été traduits en plus de 40 langues. Partout, pour des sommes faramineuses typiquement défrayées par des fonds publics, Brain Gym propose des formations aux enseignants. Les fondateurs, Paul Dennison et Gail E. Dennison, soutiennent que divers exercices moteurs (il y en a, semble-t-il, 26) devant être effectués en classe stimulent le cerveau et améliorent ainsi l'apprentissage. Cette « kinésiologie éducative » aiderait à rétablir les prétendues fonctions cérébrales de latéralité, de focus et centrage. Le programme se décline en une série de cours étalés sur un ou plusieurs jours, donnés par des instructeurs certifiés (par l'entreprise) qui peuvent conduire ceux qui le souhaitent à devenir eux-mêmes instructeurs.

Voici un exemple d'exercice. Formez un C avec le pouce et l'index de la main droite. Appliquez ces deux doigts de chaque côté de votre sternum, exercez une légère pression et déplacez-les de haut en bas, tout en posant la paume de la main gauche sur votre nombril. Voilà ! Vous venez d'exécuter un des 26 exercices du programme Brain Gym – d'autres consistent à ramper, à dessiner, à tracer des symboles dans les airs, à bâiller et... à boire de l'eau. Les promesses de ces mouvements sont inversement proportionnelles à leur difficulté d'exécution. Selon les promoteurs du programme, en effet, les exercices Brain Gym activeraient le cerveau et rendraient son fonctionnement optimal pour le stockage ou la récupération de l'information.

La communauté scientifique est unanime pour déclarer que la chose relève de la pire supercherie, et vous le constaterez vite en vous renseignant un peu. Vous le soupçonnerez sans doute, par exemple, en lisant l'offre de service du cours « Vision créative », qui propose un cours de Brain Gym sur trois journées par lequel, moyennant 450 $, on vous promet... Tiens ! autant laisser parler le site internet (orthographe d'origine) :

- Gagnez une nouvelle comprehension de la manière que la vision et le movement sont relies à l'apprentissage et les autres cométences de la vie.
- Découvrez une compréhension approfondie des vérifications en profondeur et des opportunités d'éducation dans les dimensions de latéralité, du centrage, de la focalisation ainsi que de la motivation.

On proposera peut-être dans votre école une formation semblable. J'espère vous avoir convaincu qu'il faudra alors se méfier, d'autant plus que si une telle offre de service a été jugée digne de vous être proposée, c'est que les instances qui auraient dû vous protéger de l'intrusion de la pseudoscience mercantile auront déjà failli.

L'enseignant citoyen

L'enseignement, je l'ai rappelé bien souvent dans ce livre, est une activité qui a une très lourde charge normative et des implications politiques qui le sont tout autant.

Je soumets à présent à votre attention que faire ce métier implique des exigences particulières, qui vont bien au-delà du perfectionnement que l'on retrouve aussi dans bien d'autres métiers. Il revient en effet aux enseignants de faire preuve de vigilance à l'endroit de *l'idée même d'éducation* et, partant, des moyens, instances et institutions où celle-ci se déploie, s'incarne, se conçoit.

Par telle ou telle proposition ou manière de faire pratiquée ou envisagée ici ou là, porte-t-on atteinte à un idéal éducationnel ou pédagogique que vous estimez précieux ? Pour vous poser la question, vous devez d'abord vous tenir informé de ces propositions ou dispositions. Puis, il faut savoir exprimer les raisons qui vous les font redouter ou réprouver si tel est le cas. Enfin, il faut être prêt à prendre part à (ou, qui sait, à initier) la conversation démocratique qu'elles appellent.

Tout cela me semble d'autant plus important que le moment civilisationnel que nous traversons est synonime de crise, de remise en question, de débat sur d'innombrables sujets, et notamment sur ce que devrait être l'éducation. Les enseignants ne peuvent rester indifférents à tout cela : ils sont doublement concernés en tant qu'acteurs de l'éducation et en tant que citoyens – et particulièrement bien placés, qui plus est, pour expliquer les enjeux, prendre position et, au besoin, sonner l'alarme.

Voici, brièvement esquissés, deux exemples d'enjeux débattus en ce moment même.

Le premier est celui d'une éventuelle professionnalisation de l'enseignement qui s'enchâsserait dès lors dans un ordre professionnel. C'est une chose de concevoir l'enseignement comme une profession, au sens général du terme ou en invoquant, comme je l'ai fait souvent, son importance politique. C'en est une autre de réclamer qu'on officialise et qu'on judiciarise le statut des enseignants par la création d'un ordre. Tout enseignant devrait savoir que ce débat a lieu, et connaître les arguments des uns et des autres. On peut définir une profession (comme celles de médecin ou d'avocat) comme une activité qui repose sur un vaste et, dans une certaine mesure, hermétique savoir théorique qui s'acquiert par de longues études. Ce savoir est mobilisé dans le cadre d'une pratique complexe, par des personnes à qui on alloue une grande autonomie.

Ces « professionnels » rendent aux gens un service particulier qui a pour référent ultime un objet auquel une grande importance est socialement attachée (la santé, la justice...). La relation qui s'établit est d'un genre singulier : elle n'est pas celle qu'instituerait un lien familial ou d'amitié, ni non plus une simple relation d'affaires, car elle est structurée par la référence à ces valeurs normatives, encadrée par un code professionnel s'appliquant à tous, et régie par un conseil de l'ordre. Ces critères, ces perspectives, vous semblent-ils convaincants ? L'enseignement est-il en ce cas fondamentalement une profession ? Qu'ont à gagner et à perdre les différents acteurs du monde de l'éducation qui seraient concernés par la création d'un ordre professionnel des enseignants ? Voilà quelques-unes des questions sur lesquelles vous devrez réfléchir afin de prendre position.

Le second exemple est celui des TIC. Quels usages convient-il d'en faire en classe ? Quels inconvénients et quels avantages présentent-elles ? Que dit la recherche à leur sujet ? Quels arguments invoquent leurs partisans et leurs détracteurs ? Combien coûtera telle mesure (doter chaque élève d'une tablette, par exemple), et où prendra-t-on l'argent ? Quels intérêts financiers sont en jeu dans tout cela ? Pourraient-ils fausser notre compréhension des faits ?

Cette fois encore, voilà des questions pressantes et importantes auxquelles il vous faut réfléchir et sur lesquelles il vous faut prendre position, accomplissant ainsi votre devoir de vigilance d'enseignant-citoyen.

Vous devinez comment on instruit son jugement sur de tels sujets. On lit la presse avec assiduité pour suivre les débats, les propositions, les transformations en éducation. On lit des périodiques consacrés à l'éducation, ceux des syndicats, sans doute, mais aussi d'autres – et pas seulement au Québec : soyez audacieux ! Il y a aussi des blogues, des sites Internet et des pages Facebook qui prolongeront la communauté de discussion et d'échange que vous trouverez dans votre milieu de travail. En fin d'ouvrage, une bibliographie vous suggère des références qui pourront vous servir de point de départ pour constituer votre banque de ressources préférées.

Je ne saurais trop insister sur l'importance de ces devoirs de vigilance, d'autant, comme nous l'avons vu, qu'il arrive que les institutions qui devraient être garantes du sérieux et de la rigueur en éducation ne jouent pas correctement ce rôle. Il revient alors aux enseignants et à leurs syndicats de défendre ce qu'ils estiment devoir l'être. Nous sommes nombreux à penser que c'est précisément ce qui est arrivé avec la réforme de l'éducation, rebaptisée « renouveau pédagogique » : le ministère et les universités ont failli, et ce qui était alors en jeu, en plus du curriculum et de ses méthodes pédagogiques, n'était rien de moins que l'idée même d'éducation.

Rassurez-vous toutefois : malgré leur importance cruciale, l'accomplissement de ces devoirs de vigilance n'occupera en fait qu'une part relativement limitée de votre temps, qui restera pour l'essentiel consacré aux nombreuses activités qu'implique l'enseignement en soi.

Quand ça ne va pas, mais qu'il ne faut pas (trop) s'en faire

Dans ce métier, comme dans tout autre, vous rencontrerez de ces contrariétés, de ces petits ennuis, qu'on surmonte habituellement sans trop de mal. Parmi ces difficultés que je qualifie de contingentes, il en est une sur laquelle je veux attirer votre attention, d'abord parce qu'elle peut durer longtemps, et ensuite parce qu'on peut facilement y lire plus de choses qu'on ne le devrait, et tirer de cette surinterprétation de bien mauvaises conclusions.

On ne le souhaite à personne, mais il arrive, dans une carrière, que les choses se passent mal, et parfois même très mal, avec un groupe. La plupart des enseignants ont, un jour ou l'autre, fait face à des difficultés qui vont au-delà de ces petits problèmes vite réglés qui sont le quotidien du métier. Je parierais que la majorité d'entre eux se sont alors longuement interrogés – et ont longuement interrogé leurs collègues – sur ce qu'il convient de faire quand les trucs du métier, soudainement, ne fonctionnent pas avec un groupe précis. (Tenez, voici un de ces vieux trucs : quand une objection qui vous est adressée par un élève vous semble injuste, attendez un moment la réaction de la classe. Si elle vient, elle sera plus crédible que la vôtre, et vous sortirez grandi de l'affaire.)

Je ne parle pas ici d'un mauvais enseignant pour qui il est habituel que les choses se passent mal en classe, mais de celui ou de celle qui, au contraire, est habitué à ce qu'elles se passent plutôt bien. Quand on tombe sur un groupe avec lequel ça ne marche pas (ou plus), il n'est pas toujours facile d'identifier la source du malaise. Si je repense à mon histoire personnelle, moi qui ai enseigné la philosophie de l'éducation à des futurs maîtres pour qui ce n'était peut-être pas *a priori* la discipline la plus attrayante, je constate que j'ai eu la chance de connaître en classe des succès qui m'ont rendu très heureux dans mon métier. Mais j'ai aussi, par deux fois, eu à composer avec des groupes difficiles. Dans les deux cas, j'aurais été bien incapable de dire avec assurance ce qui faisait que, toutes choses égales par ailleurs (même préparation, même enthousiasme, même planification de ma part, et ainsi de suite), cette fois-là, « ça ne marchait pas ».

C'est un sujet dont j'ai souvent parlé avec des collègues. Dans nombre de ces cas où une explication nette n'émergeait pas, nous concluions notre analyse sur quelque chose que je sais fort bien être insatisfaisant : nous nous trouvions face au mystère de l'alchimie des relations humaines.

Je ne vous souhaite pas d'avoir trop souvent cette expérience, surtout si vous êtes titulaire au primaire et qu'il vous faut donc travailler avec un même groupe durant toute une année. Mais vous devez savoir, si elle advient et qu'elle n'est pas habituelle, que vous ne devriez pas vous en faire trop.

Comme moi, parlez à vos collègues, sollicitez l'aide proposée dans votre milieu de travail, cherchez des solutions, croisez les doigts pour que les choses se replacent (ce qui arrive) – remettez-vous en question, aussi, mais de grâce, ne pensez pas aussitôt que l'enseignement n'est pas pour vous, ou que vous avez perdu la main pour toujours. Rappelez-vous pourquoi vous êtes là, à faire ce que vous faites.

Les craintes qui nous nourrissent

J'en suis à ma première année complète d'enseignement au primaire, et les cinq dernières années ont été ponctuées d'expériences professionnelles qui ont apaisé ma peur de l'inconnu. Au fil de mes expériences, ma confiance augmente. Et si certaines craintes demeurent, c'est pour le mieux, puisqu'elles me stimulent dans ma pratique.

L'école est tenue de remplir un rôle extraordinaire, celui d'apprendre aux élèves à être libres. Saurai-je transmettre des connaissances substantielles à mes élèves, stimuler leur réflexion? Comment vais-je participer à leur émancipation? Pour Socrate, «les gens qu'on interroge, pourvu qu'on les interroge bien, trouvent d'eux-mêmes les bonnes réponses». Saurai-je poser, moi, les bonnes questions à mes élèves pour qu'ils développent leur potentiel de liberté?

Mes réussites m'emballent, comme cet éclair dans les yeux d'un élève qui a compris, ou qui pousse plus loin sa réflexion, et mes échecs me poussent à m'améliorer. Quant à mes peurs, je choisis de ne pas les fuir. C'est ainsi que j'apprends tous les jours à trouver les bonnes questions.

La peur du vide nous prend lorsque nous sautons dans l'inconnu, et il n'existe que l'expérience pour la dépasser. Voilà pourquoi je vous souhaite d'apprendre à vous laisser nourrir par vos craintes. Courage!

Marie-Pier Lévesque

Quand ça va (vraiment) mal et qu'il faut agir

J'en arrive maintenant à des problèmes bien plus graves, mais qui ne surviennent heureusement qu'assez rarement. Il fallait néanmoins que je vous en touche un mot.

Les problèmes que j'ai en tête portent de vilains noms, comme dépression, épuisement professionnel, épisode de détresse psychologique, violence physique en classe, harcèlement professionnel. Il y en a d'autres encore.

J'ai un premier conseil simple mais crucial à vous donner : dans tous les cas, ne restez surtout pas seul, et allez rapidement chercher de l'aide. Parlez à vos collègues. Consultez votre syndicat. Voyez votre médecin. Communiquez avec la CSST. Faites, si c'est pertinent, appel à un PAE (Programme d'aide aux employés).

Mon second conseil est de prendre du recul. Pour cela, il existe des options auxquelles on ne pense pas assez souvent dans des cas lourds : prendre un congé sabbatique, demander une réduction de temps de travail – différentes formules, qui varient selon les commissions scolaires, sont là pour vous donner une chance de reprendre votre souffle, de mettre les choses en perspective.

Rien de tout cela ne vous arrivera, je l'espère, et il n'est pas déraisonnable de le penser. Toutefois, il est d'une fondamentale importance, quand un vrai coup dur arrive, de réagir sans attendre.

Réagir rapidement pour faire valoir ses droits

Un jour, un élève m'a fait de très sérieuses menaces de mort.

Si jamais quelque chose du genre t'arrivait, j'ai un conseil pour toi. Ne te fie jamais uniquement à ta direction. Dis-toi qu'elle ne sera pas nécessairement là pour t'aider. Ce genre d'événements dépasse le cadre scolaire et doit être mis dans les mains de personnes qualifiées sur le plan légal. La première chose à faire est de contacter ton délégué syndical ou directement ton syndicat pour obtenir du soutien, car tu seras fortement déstabilisé. Tu en rêveras la nuit. Tu te sentiras coupable sans raison. Tu pourrais même sombrer dans la dépression. Crois-moi.

N'importe quelle menace est à prendre au sérieux, c'est un acte criminel! Remplis un rapport de violence et porte plainte immédiatement à la police. Tu verras alors les choses évoluer très rapidement.

Il est important que tu agisses rapidement afin de protéger tes droits. La Direction de l'indemnisation des victimes d'actes criminels (IVAC), qui est directement liée à la CSST, pourrait même intervenir. Je te souhaite qu'il y ait dans ton syndicat un bon avocat ou qu'on puisse t'en trouver un. Ces derniers,

> même s'ils ne sont pas obligés de le faire, défendent généralement les cas de CSST.
>
> Il est important que tu fasses valoir tes droits, car il y a un monde de différence entre la reconnaissance d'un accident de travail et un congé de maladie. Les différences sont financières, mais la CSST pourra également obliger l'employeur à remédier rapidement à la situation.
>
> Michel Laforge

Quitter l'école, rester dans l'éducation

Il pourrait arriver que vous souhaitiez un jour abandonner l'enseignement.

Imaginons que votre décision est prise : vous quittez donc votre poste (ou votre statut précaire...) pour vous tourner vers autre chose. Deux cas de figure peuvent être distingués. Le premier est celui où vous vous lancez dans une tout autre carrière, situation que je mettrai bien entendu de côté ici. Le second cas est celui où, ne désirant plus enseigner à l'école, vous souhaitez néanmoins rester dans le monde de l'éducation.

On n'y pense pas assez, mais la formation d'enseignant, bonifiée en certains cas par un perfectionnement, vous ouvre de nombreuses portes. Je ne prétends pas les énumérer toutes ici, mais j'ai pensé à quelques-unes qui pourraient vous intéresser. Notez toutefois qu'en faisant ces suggestions, je tiendrai à chaque fois pour acquis que ce n'est pas parce que vous détestiez l'enseignement, ou que vous étiez « mauvais » enseignant, que vous souhaitez relever de nouveaux défis. La raison qui vous aurait fait changer de voie pourrait plutôt être, par exemple, le fait que vous en seriez arrivé à la conclusion que les réformes successives qu'on vous impose rendent à vos yeux impossible d'exercer correctement votre métier ; le fait que vous ne vous considériez pas en mesure d'enseigner à des classes comptant trop d'élèves en difficulté qu'on ne vous a pas préparé à accueillir ; le fait que l'obsession technologique du système vous irrite au plus haut point... Les raisons possibles de penser à se réorienter sont en fait bien trop nombreuses pour prétendre en faire la liste.

Pour certains, une manière de contribuer à changer les choses et à améliorer le sort des enseignants et des enfants, est de viser des postes où l'on peut penser avoir une plus grande influence sur le système d'éducation. Une maîtrise en administration (scolaire, possiblement) vous ouvrira par exemple la porte de la direction des écoles.

Devenir conseiller pédagogique est une autre piste que vous pourriez avoir envie d'explorer.

Le ministère de l'Éducation et de l'Enseignement supérieur en est une autre qui, tout comme le syndicalisme, offre de nombreuses manières d'œuvrer, à plus ou moins long terme, à améliorer le sort de ses collègues et à défendre un idéal d'éducation. Les commissions scolaires sont encore un autre lieu pour le faire.

On a vu et on verra toujours des enseignants poursuivre leurs études jusqu'à la maîtrise ou au doctorat et devenir professeur (de cégep ou d'université, donc) dans toutes sortes de domaines, y compris, bien entendu, en éducation.

Une formation en bibliothéconomie pourrait vous préparer à être bibliothécaire dans une institution d'enseignement, à un niveau ou à un autre.

On ne songe pas assez à tous ces lieux d'éducation informelle dans lesquels les compétences d'un enseignant sont recherchées. Je pense évidemment aux organisations non gouvernementales (ONG) ou aux organismes sans but lucratif (OSBL), mais voyez aussi cette enseignante en univers social qui travaille à présent à monter des expositions sur des sujets connexes – elle a terminé il y a peu une maîtrise en muséologie.

Beaucoup de portes s'ouvrent aussi à vous du côté de l'écrit. Vous pourriez ainsi aller voir du côté des maisons d'édition qui publient des manuels scolaires et du matériel pédagogique :

elles cherchent souvent des réviseurs, des traduc-
teurs, mais aussi des auteurs.

Aviez-vous pensé au journalisme ? Vous
pourriez être la personne idéale pour couvrir le
monde de l'éducation.

Si c'est l'oral qui fait votre force et que vous
pensez avoir des choses importantes à transmettre, donner des conférences sur l'éducation
pourrait vous combler.

Vous souhaitez enseigner, mais plus dans le
système scolaire québécois ? Vous pourriez envi-
sager d'aller à l'étranger – en vous renseignant
bien entendu avec soin sur les exigences locales.
De même, l'enseignement privé, par exemple
dans les institutions qui proposent de l'aide aux
élèves, pourrait être pour vous.

La parole à Frederick Douglass

Le moment est venu de conclure ce livre. On me
permettra de le faire sur une note toute personnelle en faisant faire intervenir cet ami dont je
vous parlais.

Nous sommes en 2002 et je lis avec bonheur
The Demon-Haunted World, livre d'un de mes
héros intellectuels, l'astronome et vulgarisateur
scientifique Carl Sagan (1934-1996). Il y parle, entre
autres, de Frederick Douglass (1818-1895), l'une

des plus fortes et des plus attachantes personnalités de l'histoire des États-Unis, un homme qu'à
ma grande honte, je ne connaissais pas du tout.

Douglass, né sous le nom de Frederick
Augustus Washington Bailey dans le Maryland,
dans l'esclavage le plus abject, s'évade au Nord
en 1838, où il deviendra un des plus importants
orateurs de la cause abolitionniste.

Le jeune homme se montre si éloquent, si
passionné, si cultivé, que ses adversaires nient
qu'il puisse être un esclave en fuite. Et c'est en
partie pour établir la véracité de son histoire qu'il
rédigera ses mémoires. *Narrative of the life of Frederick Douglass, an American Slave*, qui paraît en
1845, est l'un des livres fondamentaux du mouvement abolitionniste.

Douglass connaîtra une vie riche et mouve-
mentée, participant à tous les combats de son
temps. Il est aujourd'hui reconnu comme l'un des
penseurs importants de son époque.

Mais comment un jeune esclave est-il devenu
cet homme-là ? Dans ses mémoires, il le raconte.

Alors qu'il n'a qu'une dizaine d'années, Frederick Douglass est choisi, parmi tous les autres
enfants de la grande plantation où il est né, pour
être envoyé à Baltimore, afin d'y devenir le com-
pagnon de jeu d'un enfant blanc d'une famille
amie de ses propriétaires.

En ville, la situation des esclaves, tout en restant épouvantable, est tout de même meilleure que celle qui prévaut à la plantation ; surtout, sa nouvelle maîtresse n'a encore jamais possédé d'esclaves, ce qui change bien des choses.

Il faut savoir que les lois interdisaient formellement d'enseigner aux esclaves à lire et à écrire. Or, la nouvelle maîtresse de Douglass l'ignorait et, lorsque son propre enfant commencera l'école, elle entreprit d'apprendre à lire à Frederick.

Quelques leçons seulement seront données avant que le maître des lieux ne surprenne son épouse en train d'enseigner à l'enfant. Il entre alors dans une grande colère, et le petit Frederick ne rate pas un mot de son discours :

> Maître Hugh découvrit ce que nous faisions. Aussitôt, il interdit à sa femme de continuer à m'apprendre à lire, lui expliquant entre autres que ce serait non seulement illégal, mais aussi dangereux. « C'est que, précisa-t-il, si tu donnes un pouce à un Nègre, il prendra un pied. L'esclave ne doit rien connaître d'autre que la volonté de son maître et comment lui obéir. » « Si tu apprends à lire à ce nègre », continuait-il en parlant de moi, « rien ne pourra plus le retenir. Plus jamais il ne pourra être un bon esclave. On ne pourrait plus le contrôler et il ne serait plus d'aucune valeur pour son maître. Quant à lui, l'éducation ne lui ferait aucun bien et ne pourrait lui

apporter que beaucoup de souffrance : elle le rendrait malheureux et inconsolable[1]. »

Douglass se souvient de l'effet immédiat qu'eut sur lui le discours de cet homme pour qui il n'était rien de plus qu'un bien matériel :

Je comprenais à présent ce qui avait jusqu'alors été pour moi un troublant problème : le pouvoir de l'homme Blanc de maintenir l'homme Noir en esclavage. Dès ce moment, je connus le chemin qui conduit de l'esclavage à la liberté. C'était exactement ce dont j'avais besoin et je l'obtenais au moment où je m'y attendais le moins. J'étais certes désolé à la pensée de devoir me passer de l'aide de ma bonne maîtresse, mais je me réjouissais du riche enseignement que mon maître m'avait accidentellement donné. Je savais qu'il serait difficile d'apprendre sans professeur, mais je me mis au travail rempli d'espoir et avec un but bien précis et immuable : apprendre à lire à tout prix. Le ton déterminé sur lequel mon maître s'était adressé à sa femme en s'efforçant de lui faire comprendre les terribles conséquences qu'il y aurait à m'instruire m'avait convaincu de la profonde vérité de ce qu'il avait dit. C'était la meilleure preuve que j'étais en droit d'attendre avec confiance ces effets que l'apprentissage de la lecture

---

1. La traduction est de ma compagne Chantal Santerre et de moi-même. Nous avions en effet tous deux été si émus par les passages de Douglass que citait Sagan que nous avons traduit ses mémoires : Frederick Douglass, *Mémoires d'un esclave*, Montréal, Lux, 2007.

devait avoir sur moi. Ce qu'il redoutait absolument, je le désirais par-dessus tout.

Frederick va donc apprendre à lire et à écrire, sans professeur véritable et en multipliant les stratagèmes pour soutirer aux enfants blancs qu'il croise un peu de leur savoir. Plus tard, il va parvenir à se procurer un manuel de rhétorique et y apprendra les bases de cet art du discours auquel il excellera.

On raconte toujours cette histoire en insistant, avec raison, sur la force de caractère de Douglass. Mais il m'arrive aussi de penser à cette femme qui commença à lui apprendre à lire. Elle s'appelait Sophia Auld. Elle ne savait pas, bien entendu, tous les fruits que donneraient les semences qu'elle plantait dans l'esprit du jeune garçon. Nous aussi, quand nous enseignons, nous l'ignorons. Nous ne l'apprenons que bien plus tard, parfois, au hasard d'une rencontre.

Sagan écrit : « Frederick Douglass nous a appris que le fait de savoir lire et écrire conduit de l'esclavage à la liberté. Il existe de nombreux types d'esclavage et de liberté. Mais tous les chemins qui conduisent de l'un à l'autre passent par la lecture[2] ». Cette leçon sur la lecture, mais qui

2. Carl Sagan, *The Demon-Haunted World: Science as a Candle in the Dark,* Ballantine Books, New York, 1996, p. 363. Ma traduction.

vaut, au fond, pour toute l'éducation, d'autres que Douglass nous l'ont donnée ; mais très peu de gens, je pense, nous l'ont transmise avec cette force, cette conviction et cet espoir tenace – avec cette douloureuse urgence et cette réconfortante humanité.

* * *

Les enseignants sont tous des passeurs, qui vont souvent à contre-courant des usages établis et des préoccupations immédiates. Dans la course folle de la vie, ils se passent le témoin de la connaissance.

Sophia Auld a commencé à apprendre à lire à Douglass.

Douglass est devenu un homme libre, dans tous les sens du terme, et a témoigné au monde de la réalité insupportable de l'esclavage.

Sagan, qui a révélé au grand public les mystères des planètes, m'a fait découvrir Douglass.

Quant à moi, j'ai tenté de vous parler un peu de lui.

Ces enseignants et ces professeurs qui vous ont marqué. L'équipe de rêve qui m'a accompagné dans ses pages. Vous-même, sans doute, et tous ceux et celles qui viendront après vous.

Ils étaient, nous sommes, vous serez des passeurs. Et des témoins.

Platon, à bien y penser, ne disait pas autre chose...

Ces yeux-là

Il se peut qu'à un moment, vous vous demandiez ce que vous faites là, devant tous ces yeux brillants, parfois méfiants, qui vous scrutent... Ce sont dans ces yeux-là que se trouve tout le sens de votre travail.

L'écosystème grouillant de vie de la salle de classe fait en sorte que l'expérience de l'enseignement est l'une des plus singulières qui soit. Parfois, ce sera pour vous comme un feu d'artifice : les élèves créeront un spectacle, réaliseront des maquettes, animeront un cercle de lecture, etc. Autant de projets et de moments forts qui s'inscriront durablement dans votre mémoire et dans celle de vos élèves.

Pourtant, ce qui fera immanquablement toute la différence, ce sont les petits et les grands bonheurs qui se nichent dans le quotidien d'un enseignant, cette magie de l'« ordinaire » et ces liens qui se tisseront entre vos élèves et vous.

Vous connaîtrez d'abord ces moments de fébrilité à l'approche de la rentrée, ce premier rendez-vous avec les élèves. Suivra alors une période de découverte durant laquelle vous vous émerveillerez sans doute de voir toutes ces personnalités s'apprivoiser.

Vos relations se transformeront peu à peu. Vous vous comprendrez à demi-mot, vous prendrez vos habitudes, partagerez des fous rires. Petit à petit, votre histoire commune se forgera. À peine aurez-vous construit ce climat de collégialité que, déjà, le cycle sera à recommencer... Pas moyen de s'ennuyer !

Quand le doute viendra vous assaillir, quand la pile des corrections vous paraîtra insurmontable et les appels aux parents, interminables, prenez une grande inspiration et rappelez-vous... la trame qui se tisse.

Stéphanie Boyer

Annexe

Dix citations sur l'éducation

Au fil du temps, je me suis constitué un répertoire de citations sur l'éducation qui toutes me semblent dire quelque chose d'important de manière percutante. C'est un choix subjectif, bien entendu. Les traductions de l'anglais sont de moi.

Sur l'idée d'éducation

On a beaucoup écrit sur ce qu'est l'éducation et sur ses effets sur la personne qui la reçoit. Je suis pour ma part très attaché aux analyses du philosophe Richard Stanley Peters (1919-2011). Il a notamment dit ceci, qui condense, il me semble, un grand nombre d'idées fortes et justes :

« L'éducation implique essentiellement des processus par lesquels ce qui est valable est intentionnellement transmis d'une manière intelligible et consentie, et crée, chez ceux qui apprennent, un désir de s'y élever qui s'inscrit harmonieusement parmi les autres choses de la vie. »

Education as initiation, 1964

La véritable éducation n'est jamais achevée. Elle est aussi non spécialisée, en ce sens qu'elle n'est pas limitée à un seul champ de savoir : elle a l'ambition de procurer à l'individu le plus vaste répertoire cognitif possible par la fréquentation de la diversité des types de savoirs, et notamment des propositions particulières qu'on y formule et des modes de vérification qui leur sont propres. Aristote a vu tout cela clairement :

« [C'est le propre] d'un homme cultivé, écrit-il, de ne chercher la rigueur pour chaque genre de choses que dans la mesure où la nature du sujet l'admet : il est évidemment à peu près aussi déraisonnable d'accepter d'un mathématicien des raisonnements probables que d'exiger

d'un rhéteur des démonstrations propre-
ment dites. »

Éthique à Nicomaque,
IVe siècle AEC

Finalement, une telle éducation produit une
sorte de décentrement chez qui la reçoit. Elle
nous éloigne de l'ici et maintenant, nous permet
d'avoir de nombreuses perspectives cognitives
sur le monde et de l'appréhender bien au-delà
de notre petite personne. Le journaliste et écri-
vain Sydney J. Harris (1917-1986) l'a superbement exprimé :

> « Le but de l'éducation est de transformer les
> miroirs en fenêtres ».

Les moyens de l'éducation

Comme on sait, pour atteindre ces nobles buts,
on *enseigne* – mot qui désigne une très grande
variété d'activités qui vont de l'échange informel
à la démonstration. À ce propos, si on l'a lue ne
serait-ce qu'une seule fois, on n'oublie plus cette
remarque du philosophe John Dewey :

> « On peut comparer l'enseignement à
> la vente. Personne ne vend à moins que

quelqu'un n'achète. On tournerait en ridicule un marchand qui dirait avoir vendu quantité de biens alors que personne n'aurait acheté quoi que ce soit. Par contre, il y a peut-être des professeurs qui pensent avoir fait une bonne journée d'enseignement sans se soucier de savoir ce qui a été appris. Il y a, entre enseigner et apprendre, exactement la même relation qu'il y a entre vendre et acheter. »

How we Think, 1910

Jean-Jacques Rousseau m'a appris l'idée suivante, et je vous assure qu'elle m'a souvent été salutaire lorsque, comme parent, je me pressais trop, sans savoir attendre le moment propice :

« L'instruction des enfants est un métier où il faut savoir perdre du temps pour en gagner ».

Émile ou De l'éducation, 1762

La prochaine citation est d'Alain (1868-1951), qui nous met superbement en garde contre un danger qu'on n'aperçoit pas toujours en enseignement : la condescendance. Le philosophe français développe cette idée que l'enfant aspire à sortir de l'enfance :

« Que veut [l'enfant] ? Il vise au difficile, non à l'agréable, et, s'il ne peut garder cette attitude d'homme, il veut qu'on l'y aide. Il pressent d'autres plaisirs que ceux qui coulent au niveau de ses lèvres ; il veut d'abord se hausser jusqu'à apercevoir un autre paysage de plaisirs ; enfin il veut qu'on l'élève ; voilà un très beau mot. Un très beau mot, dont l'enfant saisit très bien tout le sens, par ce mouvement naturel de croître qui est le sien. Au niveau de l'enfant, pensez-y, vous n'intéressez déjà que son être d'hier ; il se rapetisse alors un peu, afin que vous puissiez lui plaire ; mais gare au mépris. [...] Tel est le progrès de l'enfant ; s'il le fait sans vous, vous n'êtes qu'amuseur. Et rien n'est plus méprisé que l'amuseur. »

Propos sur l'éducation, 1932

L'autorité d'éduquer et les responsabilités qu'elle confère

Les enseignants, plus que tout autre groupe, sont les gardiens de la civilisation, soutenait le grand logicien Bertrand Russell (1872-1970), qui savait bien que cette dernière peut aussi, hélas, ne pas se montrer à la hauteur. À preuve, ce bon mot :

« Les êtres humains naissent ignorants, pas idiots. C'est l'éducation qui les rend ainsi ! »

L'égalité des chances est complexe à mettre en œuvre, mais l'idéal qu'on vise par elle peut être exprimé assez simplement. Dewey, encore lui, le décrit ainsi :

> « La communauté tout entière doit vouloir pour tous ses enfants ce que les meilleurs et les plus sages parents veulent pour les leurs. Tout autre idéal serait peu élevé et laid et, si nous devions en faire la maxime de nos actions, il serait fatal à notre démocratie. »
> *The School and Society*, 1899

Peu de gens ont aussi bien compris l'enjeu politique de l'éducation qu'Hannah Arendt (1906-1975), qui soutenait que toute éducation qui n'est pas conservatrice, au sens philosophique et culturel du terme, est condamnée à être réactionnaire. Écoutons-la :

> « L'éducation est le point où se décide si nous aimons assez le monde pour en assumer la responsabilité, et de plus, le sauver de cette

ruine qui serait inévitable sans ce renouvellement et sans cette arrivée de jeunes et de nouveaux venus. C'est également avec l'éducation que nous décidons si nous aimons assez nos enfants pour ne pas les rejeter de notre monde, ni les abandonner à eux-mêmes, ni leur enlever leur chance d'entreprendre quelque chose de neuf, quelque chose que nous n'avions pas prévu, mais les préparer d'avance à la tâche de renouveler un monde commun. »

« La crise de l'éducation »,
dans *La crise de la culture*, 1966

Une petite dernière, d'un vieil ami libertaire

« Que l'éducation de chacun ait pour base, non une portion restreinte des connaissances humaines, mais leur ensemble, et nous verrons disparaître sur les grandes questions de principe les funestes divergences qui retardent si notablement les progrès de l'humanité. »

Paul Robin,
L'enseignement intégral, 1902

Bibliographie indicative

Ouvrages

Bazzo, Marie-France *et al., De quoi le Québec a-t-il besoin en éducation ?*, Montréal, Leméac, 2012.

Stéphanie Demers, David Lefrançois et Marc-André Éthier (dir.), *Les fondements de l'éducation. Perspectives critiques*, Montréal, Éditions Multi-Mondes, 2015.

Clermont Gauthier, Steve Bissonnette et Mario Richard, *Enseignement explicite et réussite des élèves. La gestion des apprentissages*, Montréal, ERPI, 2013.

Pierre Graveline, *Une histoire de l'éducation au Québec*, Montréal, Bibliothèque Québécoise, 2007.

André Lemieux, *L'organisation de l'éducation au Québec*, Éditions Nouvelles, Montréal 2011.

Luc Germain, Luc Papineau et Benoît Séguin, *Le grand mensonge de l'éducation. Du primaire au collégial : les ratés de l'enseignement du français au Québec*, Montréal, Lanctôt éditeur, 2006. (Un portrait toujours actuel de l'état de l'enseignement du français au Québec. M. Papineau fait partie de l'équipe de rêve !)

Égide Royer, *Comme un caméléon sur une jupe écossaise ou Comment enseigner à des jeunes difficiles sans s'épuiser*, Québec, École et comportement, 2005.

Maurice Tardif, *La condition enseignante au Québec du xixe au xxe siècle. Une histoire cousue de fils rouges : précarité, injustice et déclin de l'école publique*, Québec, Presses de l'Université Laval, 2013.

Jacques Tondreau et Marcel Robert, *L'école québécoise : débats, enjeux et pratiques sociales*, 2e éd., Anjou, Éditions CEC, 2011.

Daniel Willingham, *Pourquoi les enfants n'aiment pas l'école*, Paris, La librairie des écoles, 2010.

Si vous en êtes curieux, mes principaux livres sur l'éducation sont les suivants : *L'éducation*, Paris, GF, 2011 ; *Légendes pédagogiques*, Montréal, Poètes de Brousse, 2013 ; *Histoire philosophique de la pédagogie*, 2 volumes, Montréal, Poètes de Brousse, 2014 et 2017 ; *La dure école*, Montréal, Leméac, 2016 ; *Propos sur l'éducation*, Saint-Joseph-du-Lac, M éditeur, 2016.

Périodiques

La Fédération autonome de l'enseignement (FAE) publie la revue *L'Autonome*, accessible à la rubrique documentation de son site (lafae.qc.ca), lequel contient par ailleurs des dossiers qui inté-resseront tous les enseignants.

Le mensuel *École branchée* s'intéresse à l'inté-gration des TIC au primaire et au secondaire; ecolebranchee.com.

On peut consulter les numéros de la revue *Vie pédagogique* sur le site de BAnQ : collections. banq.qc.ca/ark:/52327/20902.

On peut s'abonner à la *Revue préscolaire* sur le site de l'Association d'éducation préscolaire du Québec : aepq.ca.

De même pour *Vivre le primaire*, la revue de l'Association québécoise des enseignantes et des enseignants du primaire : aqep.org.

Et pour la revue *Spectre*, de l'Association pour l'enseignement de la science et de la technologie au Québec : www.aestq.org/revue-spectre.

C'est une publication américaine, mais j'ai beaucoup appris dans l'excellente revue *American Educator*, de l'American Federation of Teachers : www.aft.org/our-news/periodicals/american-educator.

Je tiens depuis 13 ans une chronique sur l'éducation dans la revue bimestrielle *À bâbord !* Les sujets abordés sont variés, mais la philosophie de l'éducation y occupe une grande place.

Quotidiens

Hegel disait de la lecture matinale du journal qu'elle est « la prière du réaliste ». Je paraphraserai volontiers ce grand philosophe en disant que la lecture des sections consacrées à l'éducation dans les quotidiens est un devoir pour l'enseignant qui veut comprendre cet univers. Tous les grands quotidiens québécois (*La Presse,*

Le Soleil, La Tribune, Le Journal de Montréal et *Le Journal de Québec, Le Devoir*) suivent de près ce qui se passe en éducation, et vous gagnerez à le faire vous aussi.

La section « Éducation du quotidien » *Le Monde* pourra également vous intéresser (lemonde. fr), tout comme celle du quotidien anglais *The Guardian* (theguardian.com). Vous en découvrirez bien d'autres...

Internet

La Loi sur l'instruction publique (I-13.3) est évidemment un texte incontournable. Vous le trouverez aisément sur le site des Publications du Québec : www2.publicationsduquebec.gouv.qc.ca.

Le ministère de l'Éducation et de l'Enseignement supérieur du Québec, évidemment : www1.education.gouv.qc.ca. Je vous invite à porter une grande attention aux sections du Programme de formation de l'école québécoise, et de la Progression des apprentissages au primaire, et au secondaire.

Le site *Arts vivants* est consacré à l'enseignement des arts : artsalive.ca/fr.

Carrefour éducation réunit des ressources pertinentes et validées pour enseigner : carrefour-education.qc.ca.

Le Centre collégial de développement de matériel didactique est conçu pour le collégial, mais vous pourriez y trouver votre bonheur : ccdmd.qc.ca.

Le site *Les classiques de sciences sociales* comprend un très, très grand nombre de textes pouvant être utiles à l'enseignant, toutes disciplines confondues : classiques.uqac.ca.

Allô prof est un organisme d'aide aux devoirs qui offre gratuitement des services et des ressources aux élèves du primaire et du secondaire du Québec : alloprof.qc.ca.

Vous voulez enseigner aux adultes ? Bien des informations précieuses ici : formationeda.com.

Le Centre de recherche interuniversitaire sur la formation et la profession enseignante (CRIFPE) est une riche source d'informations sur la recherche actuelle en éducation : crifpe.ca.

Le site de la Fédération des syndicats de l'enseignement (FSE-CSQ) est un bon outil pour vous instruire sur vos droits, la vie professionnelle et les grands dossiers d'actualité dans l'enseignement : fse.qc.net.

Le site *Curio* rassemble les ressources pédagogiques de Radio-Canada : curio.ca/fr.

L'atelier d'écriture au primaire porte bien son nom : atelierecritureprimaire.wordpress.com.

Le Réseau d'information pour la réussite éducative (RIRE) est une création intéressante du Centre de transfert pour la réussite éducative au Québec : rire.ctreq.qc.ca.

La Fédération québécoise des directions d'établissement d'enseignement (FQDE) est le principal organisme professionnel représentant les directions d'établissement d'enseignement du Québec : fqde.qc.ca.

La Fédération autonome de l'enseignement (FAE) ; relations de travail, grands dossiers, pédagogie et apprentissage, etc. : lafae.qc.ca.

Le site de la Fédération des commissions scolaires du Québec : fcsq.qc.ca.

Le Conseil supérieur de l'éducation : cse.gouv.qc.ca.

Le Réseau des écoles publiques alternatives du Québec : repaq.org.

Le site de la philosophie pour les enfants de l'Université Laval : philoenfant.org.

La Fondation Mobilys est un organisme de bienfaisance « dont la mission est de valoriser l'engagement du jeune à l'égard de sa persévérance scolaire en créant des liens solidaires entre ses parents, l'équipe-école et sa communauté » : www. mobilys.org.

Planète éducation est un portail des ressources pédagogiques pour l'enseignement et l'apprentissage : planete-education.com.

De nombreux comptes tweeter pourront vous intéresser, #eduprof et #TacEdChat, par exemple ; il y a aussi des blogues innombrables, parfois excellents, souvent éphémères – je vous laisse les découvrir.

Et voici la page Facebook des enseignants et enseignantes du Québec : www.facebook.com/ groups/5192550731.

Table des matières

Avant-propos   7

Introduction.   11

1. « Où l'Idéal m'appelle en
   ouvrant ses bras roses »   15

2. L'épreuve du réel.   41

3. Le dur désir de durer   85

Annexe : Dix citations sur l'éducation 113

Bibliographie indicative. 121

Cet ouvrage composé en Celeste corps 12.5 a été achevé d'imprimer au Québec
sur les presses de Marquis Imprimeur le trente août deux mille seize
pour le compte de VLB éditeur.